JN068955

頭のいい人の
センスが身につく

ロイド&ミッチンソン
大浦千鶴子(訳)

世界の
教養大全

The Second Book of
General Ignorance

マガジンハウス

これは「人生を照らす力」を
身につける方法

「私が欲しいのは事実（fact）である。少年少女たちに事実を教えよ。事実のみが人生に必要とされている。他になにも植える必要はなく、根絶やしにしてよい。理性を持つ生き物として、事実だけが心をつくることができる。他のものが寄与することはない。これは私が子どもらに伝えることができる原理原則であり、子どもらを育てている原理原則である。
事実をこそ求めよ！」

　これはチャールズ・ディケンズのかの有名な小説『ハード・タイムズ』から引用した一節である。
　このページを開いた皆さんは、本書でご紹介するあれこれについて、「ああ、またくだらない『雑学オタク』や『うんちく野郎』のたわごとか」と考えてうんざりしておられるかもしれない。しかし、その下に隠されているものを見てほしい。これはわれわれ人類が備えている素晴らしい資質に対する祝福なのである。その資質とは「好奇心」だ。
　好奇心こそが、人生という道を照らすのである。

　人生から好奇心が欠けると、「希望」や「喜び」、「可能性」「美」といっ

た物事はたちまち消え去ってしまう。新しい発見も、知識への飢えも渇きもなく、理解もない——それはとりもなおさず、人間の精神の砂漠化を意味する。

　ギリシャ神話に登場する男神プロメテウスは、土の塊（かたまり）から人間をつくった神だとされている。彼は神の手によってつくられた人間らに、なにかが欠けていることをかわいそうに思い、オリンポス山から火を盗み、人間に与えた。
　火によって、人間は技術を獲得し、知性を手に入れ、神と同じレベルに近づくことができた。

　しかし、最高神ゼウスは愚かな人間どもに火を与えてやったプロメテウスに、怒り狂ったのである。
　ゼウスはプロメテウスをコーカサスの山に磔（はりつけ）にし、大ワシ（あるいはハゲタカ）に彼の肝臓を永遠につつきにこさせるという責め苦を与えた。
　プロメテウスが人間のために受けた拷問と引き換えに、こんにち、われわれ人間は神の輝きを放ち、"不滅の炎"を保つことができている。
　これこそ「なぜ？」「誰が？」「いつ？」「何を？」「どこで？」「どうやって？」と問う知恵の力である。
　「プロメテウス」というこの男神の名は、「先見の明」を意味する。
　私たちは、彼に感謝せねばならないだろう。

PART

1

BIOLOGY

「生物」
この世には「ありえない生き物」たちが存在する!

PART

2

「科学・技術」

学校で教えてくれない!? 意外な真実

PART

3

「生活」

365日、毎日の不思議を解明する

CONTENTS

「文化」

人間の驚くべき営み

PART

5

NATURE

「自然・地理」

世界は頭の中よりずっと広い!

「生物」

PART

1

この世には「ありえない生き物」たちが存在する！

タコの足は何本か?

8本じゃないの!?

——と思ったら大間違い。

タコには体から突き出た長い部位が8本あるが、タコの生態を調査した最近の研究結果から、**その8本を「足」と呼ぶべきではない**ということがわかった。

タコ（英名 octopus は、ギリシャ語で「8本の足」という意味）は、頭足類に属する軟体動物だ。研究によると、足に見える8本の「触腕」のうち、後ろの2本を使って海底を移動し、前の6本を使って物をつかんで食べるという。これを受けて今では、ほとんどの海洋生物学者たちが、タコを**「2本の足と6本の腕を持つ動物」**と呼んでいる。

タコの触腕はすごい。カチカチに硬くなって肘関節をつくりだすかと思えば、すっかり折りたたんで全身にはりつかせ、ココナッツさながらに海底を転がって外敵をあざむくこともある。そして脳の3分の2が、この8本の触腕に存在するという。ちなみに、神経細胞は5,000万個。脳の残りの3分の1はドーナツ状で、頭または外套膜と呼ばれる場所に入っている。

神経系統の大半が8本の触腕にあるため、触腕それぞれが独立した複雑な動きをする。切り離された触腕は、這い回ることもできるし、タコの種類によっては、触腕1本が何カ月も生き続けることが可能だ。つまり、タコの腕（または足）には、それぞれ独自の意志があるということ

だ。

　それぞれの腕に、いくつもの吸盤が縦2列についている。エサを認識
するための味蕾が備わった吸盤だ。これを使って、タコは触る物すべて
を味見する。また、オスのタコには特別な機能を持った腕が1本あり、
そこに精子が蓄えられている。「交接腕」と呼ばれ、生殖器の役割を果
たす。精子を注入するために、オスはその腕をメスの頭にある穴に差し
込む。交接のあいだに、たいてい交接腕は切れ落ちてしまうが、次の年
にはまた新しく生えてくる。

　こうしたタコの交接について最初に詳しく解説したのは、古代ギリ
シャの哲人アリストテレスだった。しかし2,000年以上もの間、誰ひと
り信じる者はなかった。——フランスの動物学者ジョルジュ・キュヴィ
エが、19世紀に再発見し、その生殖機能を持つ腕を「交接腕」（ギリシャ
語で「100個の小さなカップ」）と名づけるまで。

　遺伝的多様性によって、タコの触腕が8本より多くなることもある。
1998年、三重県の志摩マリンランドはなんと**96本もの腕を持つマダ
コ**を展示した。的矢湾で同年12月に偶然に捕獲されたもので、水族館
で飼育されることになったが、5カ月後に死んだという。死ぬ前に一度
だけ産卵し、孵化した幼ダコには、それぞれ正常な数の腕と足があった
そうだ。しかし、この幼ダコたちも1匹残らず1カ月のうちに死んでし
まった。

　タコは、たまに自分の腕を食べることがある。もとはストレスのせい
だといわれていたが、現在は、タコの神経系統を攻撃するウイルスが原
因ではないかと見られている。

魚の名前を、
いくつ言えるか？

マグロに、イワシに、タイ……。

魚？ ……そんなものはこの世に存在しませんよ。
　20世紀アメリカの偉大な古生物学者スティーヴン・ジェイ・グールドは、「魚」として知られてきた生き物の研究に生涯をかけてとりくんだ末に、「そんな生き物は存在しない」と結論づけた。

　彼の主張によれば、「魚」という名前が本来まったく異なる種類の動物に無差別に当てはめられているという。サメやエイなどの軟骨類も、ピラニアやウナギからタツノオトシゴやタラまでのほとんどすべての「魚」を含む硬骨類も、そして、ヌタウナギやヤツメウナギのような、頭骨はあるのに背骨やあごのない種類も、すべてひっくるめて「魚」の仲間だといわれている。
　しかし、この3種類の生き物は、「目・科・属」という生物分類によって区別されるよりはるか昔に枝分かれして、それぞれ別の進化の過程をたどってきた。そのため、たとえばサケは、ヌタウナギよりも人類とのほうが共通点を多く持っている。つまり、**「（サケとヌタウナギより）サケと人類の関係のほうが、生物学的に近い」** とさえいえるのだ。
　こういうわけで、（グールドのような）進化生物学者にとって、「魚」はまるで意味のない言葉ということになる。

　これはグールド1人の特殊な考え方というわけではない。『オックスフォード《水中生物》百科事典（The Oxford Encyclopedia of Underwater

Life)』にも、「信じがたいことではあるが、《魚》という生物は存在しない。水中に生息する脊椎動物のうち、**哺乳類やカメやその他の動物ではないものを便宜上、包括的にそう呼んでいるにすぎない**」との記述がある。

　たとえば、コウモリやトビトカゲが飛ぶからといって、それらを「鳥」と呼ぶのと同じことだというのだ。この百科事典ではさらに、「ヤツメウナギとサメとの関係は、サンショウウオとラクダとの関係よりよほど遠い」と主張している。

　16世紀にはなんと、アザラシもクジラもワニも、そしてカバまでも「魚」と呼ばれていた。現在もまだ、コウイカ、ヒトデ、伊勢エビ（またはザリガニ）、クラゲ、甲殻類（カニやカキや貝類）などの、いかなる科学的定義によっても「魚」とはいえない生き物が「魚介類」などとも呼ばれている。

　ところで、この世に絶対に存在しない魚がある。それは「サーディン（イワシのこと）」だ。

　約20種類の、小さくて骨が柔らかく油分の多い魚が、ひとたび缶詰にされると全部まとめて「サーディン」と呼ばれる。イギリスでは、それはたいてい「ピルチャード（マイワシ）」だ。宣伝文句のために、わざわざ「正真正銘のサーディン」とまで表記されるから、ややこしい。

　サーディンの缶詰には、たまにニシンが入っていたり、スプラット（キビナゴ）が入っていたりすることもある。

　ともかく、**缶詰に入っていないのが「サーディン」**。いや、むしろ今となっては、**「魚」さえ入っていない**というのが常識である。

サメはどうやって人間を
かぎつけるのか?

まさか海水浴をしていて襲われる、なんてことは……。

人が大量出血していなくても、ヤツらはやってくる。

サメには驚くべき嗅覚があり、血の濃度が2,500万分の1の割合でもその臭いを感知する能力がある。**9,000リットルの水で薄めた1滴の血にも反応する**のだ。

水中では物質のにおいが分散する速度と方向は潮流で決まるので、サメは潮流にそって泳ぐ。そのため、人間がたとえ少量でも血を流していれば、サメはそれに気づくというわけだ。

たとえば潮流が時速3.5キロのゆるいスピードの場合、400メートル下流にいるサメはわずか7分で人間の血をかぎつける。サメの泳ぐスピードは時速40キロ近いので、60秒以内でたどり着ける計算になる。

そして、潮流が速ければ速いほど、事態はさらに悪くなる。

たとえば、時速26キロの激流で人間が出血すると、そこから500メートル以内の下流域にいるサメは1分で血の臭いを感知し、そこまで2分足らずで到達する。**人間が逃げる時間は3分しかない**ということだ。

サメには優れた視力もある。だが、ひどい鼻風邪をひいた(そんなことがあるのかどうかは、さておき)近視のサメでさえ、人間を見つけることができる。低周波での聴力も非常に発達しているからだ。たとえば500メートル離れた場所で何かが水を叩けば、その音を聴きとる。だから、できるだけ静かにしているのがいいかもしれない。

ところが、目も見えず、耳も聞こえず、鼻もないサメでさえ、難なく人間を見つけるという。

　サメの頭部には小さな穴が点々と開いていて、その奥にはゼリー状の物質が詰まった筒状の器官がある。これは、イタリアの医師の名にちなんで「ロレンチーニ器官」と呼ばれるものだ。ステファノ・ロレンチーニによって初めて発見されたのは1678年だったが、この器官の果たす役割がわかったのはごく最近だ。その役割とは、あらゆる生物の体から発せられる微弱な電流を感知すること。

　というわけで、あなたが海を漂っていても、血も流さず手足も動かさず、そして脳も心臓も機能を停止させていれば、サメは寄ってこない。

　……ん？　それは死体では？　はい、そうです。**出血していない死体にはサメは寄ってこない**ということです。

　ところで、もしサメに見つかってしまったら、どうするか。

　サメを逆立ちさせてお腹をくすぐってみるといい。「トニック・イモビリティー（持続性不動状態）」と呼ばれる反射状態に入り、まるで催眠術にかかったように動きを止めて水に浮かんでいるだけになるはず。

　シャチは、この性質を利用してサメを仕留める。サメの体をひっくり返し、水中で窒息するまでそのまま不動状態にしておくのだ。サメが催眠から覚めて、あなたの策略に気がつくまで約15分はある。

　ただし、注意が必要だ。全種類のサメが同じように反応するわけではない。たとえば、タイガーシャーク（イタチザメ）は目のまわりをそっとなでられると最高の反応を見せる。

　どうやら「ただサメに近づきすぎないようにして、ゆったりと落ち着いてなでてやればいい」とのこと。

と、あれこれ言ったものの、心配することはない。サメが人間を襲うのは、確率的にはほとんどありえない。

　合衆国の海岸に面する22州すべての過去50年以上にわたる統計調査で、**人がサメに殺されるより稲妻によって死亡する確率のほうが76倍も高い**ことがわかっている。

どうやってひっくり返す……?

いちばんよく夢を
見る動物は？

夢を見ているのは人間だけではない。

　夢をたくさん見るのは、いちばんよく寝る動物ではないか？
（いつも寝てばかりに見える）ヤマネやナマケモノや、あるいはもっとも
複雑な脳を持っているヒトなのではないか、と思うだろう。残念ながら、
いずれも不正解。**あらゆる動物の中でいちばん夢を見るのは、カ
モノハシだ。**

　哺乳類はすべて（そして数種の鳥類も）夢を見る。動物が夢を見るとき、
その動物たちに何が起きているのか。また、いったいなぜ夢を見るのか。
こうした問題は、まだまだ解き明かされていない。

　夢を見る状態は、「急速眼球運動（Rapid Eye Movement、略して REM 睡
眠）」として知られている。この REM 睡眠が発見されたのは、1952年。
発見者は、シカゴ大学大学院の生理学専攻の院生ユージン・アセリンス
キーだった。
　アセリンスキーは電気眼球図記録と呼ばれる装置を使って、8歳の息
子の眼球運動を記録。睡眠中の息子の眼球運動に明確なパターンがある
ことに気づき、指導教授のナサニエル・クレイトマン博士に報告した。
　その後、脳波計を使って20人の被験者を対象に睡眠中の脳の活動を調
べた結果、被験者の眼球が急速に動くあいだは、極めて活発に脳が動い
ていることが判明。そして REM 睡眠から目覚めた被験者は、直前に見
た夢を鮮明に覚えていることもわかった。

ほどなく、これと同じことが多くの動物にも起きていることが、動物学者たちのあいだで確認された。ネコ、コウモリ、フクロネズミ、アルマジロなどにはすべて長時間のREM睡眠状態がある。ところが意外なことに、キリンとゾウはほとんどREM睡眠をせず、イルカについてはまったくないという。現在わかっているところでは、いちばん長いREM睡眠状態があるのは、カモノハシである。カモノハシはもっとも古い哺乳類の1つで、1日に8時間（成人したヒトの4倍）も夢を見続ける。

　REM睡眠は、正常な睡眠とも覚醒とも異なる状態である。脳は活発に働くが、体は事実上マヒしているという点で、**生物の存在として第3の状態**ともいえる。捕食動物から身を守らなければならない動物ほど、夢を見るのが少ないようだ。外敵の少ないカモノハシは、たっぷりと夢を見る余裕がある。

　イルカの場合は、水中に浮かんだまま体を休めつつ呼吸し続けなければならないので、通常の意味では**一睡もしない**ということになる。イルカの脳と体は、一度にそれぞれ半分だけ眠り、残りの半分は（片方の目も含めて）完全に覚醒している。イルカになぜREM睡眠状態がないのか、これで説明がつくかもしれない。常に警戒し、どちらか意識のあるほうの目を小刻みに動かしては全方位くまなくチェックしているのだろうから。

　カモノハシはいったん眠りに入ると、長々とREM睡眠状態を続ける。にもかかわらず、睡眠中の脳は目覚めているときほど活発に動かない。だから、カモノハシが夢を見ているかどうかは断定できないともいえる。

とはいえ、どんな動物についても、本当に夢を見ているかどうか断定することは不可能。相手に今夢を見ているか聞いて確かめることはできないからだ。はっきりわかっているのは、われわれ人間は夢を見るということだけ。それにしても、人間がなぜ夢を見るのかは誰にもわからない。

人生を65年と考えて計算すると、一晩に2時間の REM 睡眠があるとして、生涯に過ごす時間の8％（約5年間）は夢を見ていることになる。

ユージン・アセリンスキーは博士号を取得したが、REM 睡眠を発見した功績をクレイトマン博士と分かち合わなければならないことに憤慨し、10年間は睡眠の研究に関わらなかった。その後、運転していた自動車が木に衝突して77歳で死亡。

クレイトマン博士は研究を続け、「睡眠研究の父」と称えられた。そしてアセリンスキーの死から1年後、104歳の生涯を閉じた。

どんな夢を見ているのだろうか？

いちばんよく酒を
飲む動物は？

人間がいちばん酒を飲んでいそうだが……。

人間につぐ大酒飲みは、**マレーシアのハネオツパイ**だ。

尻尾が羽根ペンのような形で、ネズミほどの大きさの動物。ハネオツパイが一晩に摂取するアルコール量は、**ウイスキーならシングルで9杯、ビールならジョッキに5杯、ワインなら小さめのグラスに5杯**といったところ。

ハネオツパイ

この種のツパイの主要な栄養源は、ブルタムヤシの花蜜である。この蜜は、開花期にトゲのような花芽から分泌される酵母によって発酵し、アルコールを3.8％ほども含むようになる。これはペール・エール（やや苦めのビール）とほぼ同じ度数だが、ハネオツパイはこれをチビチビやりながら毎晩2時間くらい過ごすらしい。

ブルタムヤシの花蜜は、自然界で生成される食料の中でもっとも多くアルコールを含む種類の1つだ。この種のヤシの木にアルコールが存在すると最初に気づいたのは、ドイツのバイロイト大学の研究者たちだった。酵母独特のアロマが漂い、花蜜の表面がかすかに泡立っていたことから調査に乗り出したという。

体毛の分析によって、血中アルコール濃度が他のほとんどの哺乳類に

とって危険とされる値であると判明したが、なぜかハネオツパイは酔っぱらうことがまったくないそうだ。もし酔っぱらうようなことがあれば、種として存続することはできなかっただろう。体が小さくて食用にもされる動物の生活は、それだけで十分厳しいわけだから、そのうえ酩酊していたら致命的だ。

ハネオツパイは、中毒症状を起こさずアルコールを分解できるように進化してきたと見られている。そして、いわゆるアペリティフ（食前酒）効果に似た恩恵にもあずかっているようだ。多少のアルコールを飲むとわれわれ人間の食欲は増進し、よく食べるようになる。カロリー摂取量が多いほど、動物のエネルギーは増し、それによって生き残る可能性も高まる。

果実が発酵する匂いは、その熱量レベルが最高に達したことを示しているわけで、どうやらハネオツパイもそのことを発見したのだろう。

ところで、人間がアルコールを飲んだ最初の記録は、9,000年前、メソポタミアで醸造が発明されたころまでさかのぼる。

しかしバイロイト大学の研究チームによると、人類出現以前からわれわれはその嗜好を受け継いできたらしい。**ツパイとヒトの共通する先祖は、5,500万年から8,000万年前に生存していた小型の哺乳類**だったという。この名前もない生き物にもっとも近似している現存生物が、ハネオツパイであると見られている。

なぜハネオツパイはこれほどアルコール好きなのか。そして、なぜまったく酔っぱらわないのか。こうしたことが解明されれば、人間がなぜ酒好きなのかも、どうすれば酔っぱらわずにすむかも、わかるかもしれない。ひょっとすると、ついでに二日酔いの治し方も発見されたり……⁉

地球上でもっともどう猛な哺乳類は?

サバンナやジャングルで絶対に出会いたくないヤツ。

それはトラでもカバでもない。

アメリカの科学雑誌『サイエンティフィック・アメリカン』(日本版は『日経サイエンス』)が2009年に発表したところによると、世界でもっとも恐ろしい陸生動物は、**「ラーテル」**(学名メリヴォラカペンシス＝Mellivora capensis、別名ミツアナグマ)だ。

『ギネスブック』も、ラーテルを「世界一恐れを知らない動物」として認定している。ラーテルは、アフリカ大陸とアジア大陸の草原や砂漠に生息し、ツチブタのような他の生き物が掘った巣穴に棲みつく。見た目が似ているアナグマとは別の動物である。

ラーテルは、**ハチミツが大好物**。ラーテルもアナグマも、肉食獣の最大グループであるイタチ科に属している。イタチ科の仲間には、フェレットやヨーロッパケナガイタチ(ポールキャット)やミンクやクズリなどがいるが、この中でハチミツを食べるのは、ラーテルだけだ。ちなみに、学名の「メリヴォラ」は「ハチミツを食う者」という意味である。

ラーテルは大きな鋭い鉤爪でシロアリ塚を荒らし回り、鶏舎の金網を引き裂き、ハチの巣を粉々に破壊する。そのラーテルをハチの巣へと導く役割を果たすのが、ノドグロミツオシエ(英名ハニーガイド＝honeyguide)という鳥。ハチの巣を見つけると鳴き声で知らせ、ラーテルが巣を壊してハチミツを食べたあとのおこぼれ(巣の残骸やハチの幼

虫）をさらう。

　ラーテルはなぜこれほど無敵なのか。その理由はたるんだ外皮にある。背後から捕まえられても、皮膚の内側で体をねじって反撃できるのだ。天敵はほとんど存在せず、挑発されれば人間を含むほぼすべての動物に襲いかかる。

　これまでに、ラーテルが攻撃したり殺したりしたのは、ハイエナ、ライオン、トラ、ゾウガメ、ヤマアラシ、ワニ、クマなど。好物の毒ヘビにいたっては、口にくわえると、ものの15分でガツガツとたいらげる。**さらに幼いラーテルまでも殺して食べるので、子どもが成獣になるまで生き残るのはわずかに半数**だという。

　伝説によると、**相手の急所を狙って攻撃するラーテルもいる**そうだ。このことが最初に報告されたのは、1947年。おとなのバッファローにラーテルが襲いかかり、その睾丸を食いちぎるところが目撃されたらしい。さらに、ヌーやウォーターバックやクーズーやシマウマや人間までもが、ラーテルに去勢されたといわれている。

　2009年放送の『トップ・ギア』（イギリスBBCの自動車番組）のボツワナ特集で、ジェレミー・クラークソンはこう語った。「ラーテルが人間を殺すのは、人肉を食べるためじゃないんだな。やつらは人間の睾丸を引きちぎるんだよ」

　パキスタンでは、ラーテルは「ビジ」と呼ばれ、死体を墓から持ち去る動物といわれている。この類いの身の毛もよだつ恐ろしい評判が広まっているためか、イラク戦争中、現地に駐屯していたイギリス軍部隊が、地元民を恐怖に陥れようと、おびただしい数の「クマに似た人喰い動物」を町に放ったと非難された。結局、その動物はラーテルだったと判明したが、町に殺到したのは湿地帯に洪水が起きたからだった。

毒グモよりも
人を殺している動物は?

オーストラリアでの驚くべき調査が物語る。

　毒グモやサメなど、危険な生物が多くいそうなオーストラリアで、意外にも**もっとも危険な動物はウマ**だというデータがある。

「全国検視官情報システム」によると、2000年から2006年までの6年間に、オーストラリアで起きた動物関連の死亡事故は128件あり、そのうちの36件はウマが原因で起きたとのこと。その多くが、人間が運転中にウマに衝突したか、あるいは乗馬中にウマから落ちた結果だ。すべての動物関連の死亡事故の4分の1は、(オーストラリアの場合は)路上で起きている。

　同じ6年間に、2番目に多く人間を死なせたオーストラリアの動物は、

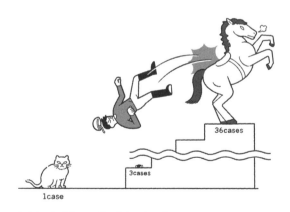

36cases

3cases

1case

しかし、なぜネコの手にかかったのか……。

ウシだった。死亡者数は20名。3番目はイヌで、死亡者数は12名。サメに殺された人の数は11名で、ヘビに殺されたのは8名。ワニが殺したのは4名で、クモが殺したのはたったの3名。そして、**ネコの手にかかって命を落としたのが、1人**だった。

「死ぬほど危険なクモ」、つまり、人間を死にいたらしめるクモというのは存在しない。クモに咬まれて死ぬことはあるが、それは、アレルギーが原因か、または適切な医療処置を受けなかったためかのどちらかだ。

　同じようなことは、ネコに引っかかれても、ハチに刺されても、またはピーナッツに対して過敏に反応しても起きる。毎年、クモに咬まれて死ぬ人の数よりもミツバチやスズメバチに刺されて死ぬ人の数のほうが多い。

　クモ専門家のロッド・クロフォード（米国ワシントン州のバーク博物館で、クモ形類動物を担当）によると、「正確に『人を殺すクモ』と呼ぶことのできるクモの種はない。私の知るかぎり、人間を死にいたらしめる能力を持つクモなど、地球上にただの1種も存在しないのだ。クモに咬まれた場合、その9割は治療しなくても命にかかわることはない」ということだ。

　しかし、クモは捕食性があり、縄張り意識の強い肉食動物である。もし1万匹のクモを密閉した部屋に入れておいたら、やがて丸々と太った1匹のクモだけが残るだろう。

　オーストラリアに生息するクモには、こうした共喰いの習性を優位性へと変えた種もいくつかある。セアカゴケグモのオスたちは、実際に、我先に食べられようと競い合う。交尾の最中に、**みずからメスの昼食になろうと身をささげる**ことで、確実に、そのオスの精子がライバルに先んじて子孫を残す使命を果たせるようになるのだ。

人間の命をいちばん救っている動物は?

救助犬として活躍するセント・バーナードとか?

頭がよく人間に忠誠を尽くす**イヌでもウマでもない**。勇敢な伝書バトでもない。

正解は、地球最古の現存生物といわれる「アメリカカブトガニ」(学名リムルス・ポリュペーモス = Limulus polyphemus)。

もしあなたが一度でも注射された経験があるなら、ほぼ間違いなく、アメリカカブトガニはあなたの命の恩人だ。

アメリカカブトガニの血液から抽出される「リムルス変形細胞溶解物(LAL)」という成分は、薬品やワクチン、そして人工腎臓のような医療器具のテストに用いられ、危険な細菌が含まれていないことを確認するのに使われている。これほど簡単で信頼性が高いテスト法は他にないといわれている。

アメリカカブトガニは、海岸近くの浅い海中に生息しているが、その生息域は汚染されている場合が多い。しかし、アメリカカブトガニには免疫系統がいっさいないので、感染症と戦う抗体をつくることができない。

ただ、血液中の奇跡的な成分が、バクテリアやウイルスの侵入に対して凝固反応を起こし、その侵入物質を無力化することができる。これがLALの有用性だ。医療に使われる器具はすべて、汚染されていないか検査されるが、その手っ取り早い方法がこのLALにさらすことなのだ。これが凝固しなければ問題ないということになる。

人間とは違って、アメリカカブトガニの血液にはヘモグロビン（鉄分を使って、血液中の酸素を運ぶ物質）がなく、代わりに銅を使って酸素を運ぶヘモシアニンがある。そのため、**カブトガニの血液は青色**だ。この血液は、1リットルあたり約1万5,000ドル（約150万円）で売れるとのこと。

血液採取のために、アメリカカブトガニが殺されることはなく、貝とり用の熊手のような道具を使って生け捕りにされて実験施設に輸送される。その数は、1週間におよそ1,000匹。血液の30％を奪われても、水中に戻されるとすぐに回復する。年に1回血を抜かれ、その血はフリーズドライされて世界各地に送られるそうだ。

アメリカカブトガニは、実はカニではなく、甲殻類に属してさえいない。むしろ、ダニ、サソリ、クモなどに近く、かつては大いに繁殖した剣尾目（尾が剣の形をしている）に属する最後の現存生物である。オルドビス紀（4億4,500万年前）からずっと形態も生態も変わらずに、アメリカ大西洋岸や東南アジアの海岸近くに生息している。

これほど長く生き延びたのは、表面が滑らかで丸みを帯びた甲羅のおかげ。この甲羅をひっくり返すのは至難の業だからだ。ただ、その昔、アメリカ先住民はこの甲羅をヒシャク代わりに使って、カヌーの底に溜まった水をくみ出していたという。

血液中の特異な（現在は、髄膜炎やがんの発見にも役立てられている）成分だけではなく、アメリカカブトガニには酷暑と極寒の両方に耐える能力と、エサをまったく食べずに1年間生き延びる能力もある。しかも、目が合計10個もあるという。

クラゲに刺されたら どうする？

もっとも危険な夏の風物詩!?

おしっこをかけてはいけない！

　よく言われる都市伝説に、クラゲに刺されたら尿をかけると痛みがとれるというのがあるが、実際には、痛みがとれるどころか、逆に傷口が悪化してしまう場合が多い。

　この刺傷は、クラゲの触手の皮膚の内部にある「刺胞」と呼ばれる特殊な細胞に原因がある。小さな球状の皮膜細胞の1つひとつに、トゲのついた糸状の管が1本ずつ巻かれて入っており、クラゲの毒は、その管に収まっていて、通常は高圧で密封されているという。それぞれの刺胞細胞の外側に、「刺細胞突起」と呼ばれる小さな毛が1本ある。この感覚毛に触ることが引き金となって、毒入りの注射針が人間の肌に7,000億分の1秒の速度で突き刺さるのだ。これは自然界における最速のメカニズムだといわれている。

　クラゲに刺された傷口を触ったり、引っかいたりするのは、できるだけ避けよう。まだ発射されていない他の刺胞が肌に付着しているかもしれず、さらに刺されてしまう危険性があるからだ。
　肌に残るクラゲの触手をすべてタオルではらい落とし、刺傷には海水をかけて未発射の刺胞を洗い流そう。**真水で洗うのはよくない。**水の塩分の変化が刺胞を刺激して、さらなる毒の発射をうながす危険性がある。

人間の尿には、たくさんの真水が入っている。いざとなったら、生き延びるために飲むことだってできるほどだ。だが、尿によっては、傷を化膿させる有害なバクテリアが入っているかもしれない（人間の尿は無菌だという「事実」にだまされてはいけない。それは膀胱の中に残っている場合のこと。排出されるには、尿道を通過しなければならず、そこには多くの細菌が待ちかまえている）。

　ところで、オーストラリアのビーチには、クラゲに刺されたときに使えるように酢（5％の酢酸）が用意されている。これは効果があるかもしれないが、どの種のクラゲに刺されたかわかっている場合にかぎってのことだ。クラゲには、酸性の毒液を出す種とアルカリ性の毒液を出す種とがある。極めて危険なオーストラリアのハコクラゲに対しては、酢は応急処置として効果があるが、カツオノエボシ（別名、電気クラゲ）に刺された場合には、酢で洗うのは完全に逆効果で、刺傷を悪化させるだけだ（訳注：カツオノエボシは正確にはクラゲではなく、ヒドロ虫の群体である）。

　クラゲに刺されると、場合によってはアナフィラキシー性ショックを起こし、死亡することもある。腫れ、かゆみ、発疹や呼吸困難などの症状がないか注意しなければならない。こうした症状の1つでもあれば、患部への放尿に時間を費やすことなく、即座に医者を呼ぼう。

触るな、危険！
カツオノエボシ

ヘビはどうして自分より大きい動物を丸飲みできる？

驚くべき体のしくみ。

「あごを伸ばして飲み込む」というのが正解。

　ヘビの頭部にある骨の大部分は、上下のあごも含めて、哺乳類のように一定の位置に固定されてはいない。それぞれの骨が1本の柔軟な靱帯でつながっている。下あごは、もともと左右に分かれており、これも伸び縮みする靱帯でつながっている。さらに、上あごと下あごをつなぐ骨が左右に1本ずつあり、この骨によって二重関節が形成され、両あごが合計4点でつながっていることから、こうした骨は「方形骨」と呼ばれている。

　実は、この方形骨は人間にもあるが、あごにつながってはいない。この骨は、進化の過程であごから離れて中耳の形成へと向かい、それにともなってサイズも小さくなった。その名は砧骨。この骨は、槌骨と鐙骨という2つの骨（どちらも、その形から命名）とともに、人間の中耳内で音の振動を伝えるという奇跡的な役割を果たしている。この3つの耳小骨が中耳内に並んでいるため、鼓膜に伝わった音（空気の振動）が増幅されて内耳まで伝わるということだ。

　こうした進化の結果、人間は爬虫類よりはるかに鋭い聴力を持つようになった。ちなみに、爬虫類の鼓膜は鐙骨ひとつで内耳に直接つながっている。というわけで、われわれはヤギを1頭丸飲みすることはできないものの、**聴力に関しては、ヘビにまさっている**のだ。

　ところで、大きく開く口があるにもかかわらず、大物に噛みついたき

り噛み砕けなかったヘビもいたらしい。

2005年、体長1.8メートルのワニの死骸が、アメリカ・フロリダ州のエバーグレーズ国立公園で見つかった。その死骸は、全長4メートルのビルマニシキヘビの腹部から突き出ていたという。このニシキヘビはワニを丸飲みして破裂したものと見られている。

東南アジアに生息するビルマニシキヘビは、世界の6大蛇の1種だ。草原や湿地などの本来の生息域では、全長6メートルを超えて成長することもある。これまでにエバーグレーズ国立公園内で発見されたものは、すべてペットとして飼われていたらしい。飼い主に捨てられたか、あるいは飼い主から逃げ出して野生化したのだといわれている。

1999年、米国コーネル大学の研究チームは、特定外来種の侵入や繁殖を抑制するには、年間1,370億ドル（約14兆円）もの莫大な国家予算が必要であると試算した。その後の5年間で、うかつにも14万4,000匹のビルマニシキヘビが新たに合衆国に輸入されたという。2010年になって、フロリダ州はついに輸入禁止の法律を制定したが、時すでに遅く、州内に広がる湿地帯の温暖な気候は、ビルマニシキヘビの繁殖に味方していた。

蛇足ながら、他にもオオトカゲやベルベットモンキーなど、数十種の外来生物がフロリダの湿地帯を新たな生息域にしているそうだ。

ちなみに、ワニとビルマニシキヘビとの死闘は、フロリダではいまや珍しくもない光景で、これを目当ての観光客も増えているという。勝負は最後までもつれ込み、**結局、引き分けに終わる**ことが多いらしい。

ヘビのしっぽは
どこからどこまで？

そういえば、頭以外は全部しっぽなのだろうか。

「ヘビというのは、それじたいが1本の長いしっぽ。その先っぽに頭がついているだけ」と思っているかもしれないが、実は、**ヘビのしっぽは体の約20％**だけ。

脊椎骨は、ラテン語で「接合部」という意味だが、人間にはこの骨が36本あり、そのすべてがつながって脊柱と首の骨を形成している。種によって差異はあるものの、ヘビにはこの**脊椎骨が360本以上**もあり、それぞれに1対の肋骨をつくりだしているという。人間と同じく、ヘビの頭に肋骨はない。ヘビの肋骨は、頭と反対の先端近くまで延々と続いて、その先端近くからしっぽが伸びている。ヒトの「しっぽ」は尾骨と呼ばれるが、ヘビの場合は、クロアカ（総排泄腔）の先の部分がしっぽである。

ヘビのクロアカは、体の下側（人間の尻にあたる部分）についている小さくて柔軟性のある穴だ。括約筋によってコントロールされているが、哺乳類の肛門と違って、この器官には尿と糞便の両方を排出する機能がある。さらに、ヘビはこのクロアカを使って交尾も産卵も行う。オスのヘビのしっぽには、ペニスが左右に2つ収まっていて、これは「ヘミペニス」または「半陰茎」と呼ばれる。交尾の際には、オスのヘビはどちらか片方を裏返すようにしてクロアカの外に突き出す。オスのヘビはヘミペニスを1つずつ交互に、メスのクロアカに入れるらしい。メスのク

ロアカは、他の種のヘビの侵入を食い止められるように自分と同じ種の
ヘビにぴったりの形状をしているそうだ。

　さらに最近の研究で明らかになったことがある。ヘビを1匹見つけて
「こいつのペニスは右利きだ」などと言えるらしい。2つのヘミペニスの
うち、右のほうが大きく、こちらのほうを先にメスのクロアカに挿入す
ることがわかったのだ。数種のヘビのクロアカには、また別の機能があ
る。それは「吹き出し口」だ。ここから勢いよく、空気を何発も連続し
て噴出させるヘビもいるという。その音色といい音量といい、人間の出
す高音のおならとまったく区別がつかないらしい。その悪臭と、意外性
を武器に、この種のヘビは近づこうとする天敵から身を守るわけだ。

　ヘビは、狭い空間に閉じ込められると、自分のしっぽをライバルと勘
違いして攻撃したり食べたりすることがある。中には、**自分のしっぽ
で喉を詰まらせたヘビ**もいるという。

　ウロボロス（ギリシャ語で「しっぽを食う者」の意味）は、自分の尾を
噛んで、輪の状態になっているヘビを象徴的に図案化したものだ。エジ
プト、ギリシャ、スカンジナビア、ヒンドゥー、アステカなどの古代神
話に登場し、万物の転生を表現したものといわれている。『ティマイオ
ス』（紀元前360年）の中で、プラトンは、宇宙における生命の起源をた
どればこのように転生をくり返す自食生物に行きつくと説き、スイスの
心理学者カール・ユングは、これを「アーキタイプ（元型）」の1つと信
じ、人間の心の深層にあって遺伝的に伝わる普遍の心象であると主張し
た。

コウモリは目が
見えないって本当？

超音波で交信し合っていると聞いたことがあるけれど……。

コウモリは目が見えない、という事実はまったくない。

世界中に生息する1,100種あまりのコウモリのうち、**目が見えない種は1つとしてない**し、実際のところ、非常によく見えるコウモリのほうが多い。

エコーロケーション（反響定位）つまり「音波」だけを使って動き回るコウモリには目が必要ないというのは、完全にでたらめである。

フルーツコウモリ（別名オオコウモリ）は、エコーロケーション機能をまったく使わない。大きな両目でもって進路を見極め、食べ物——もちろんフルーツ——を見つける。

エコーロケーションは、動き回らない食べ物を見つけるにはほとんどなんの役にも立たない。そのかわり、この種のコウモリにはフルーツロケーションに活用できる鋭い嗅覚も備わっている。

ナミチスイコウモリは、**哺乳類の血液を常食とする唯一のコウモリ**だ。盲目どころか、この吸血コウモリは120メートル離れた牛を——深夜、真っ暗闇の中で——難なく見つけることができる。

イギリスに生息するコウモリはすべて、おもに虫を食べるココウモリの仲間だ。この種のコウモリこそ、獲物をつかまえるために音波を使う。ところが、このココウモリでさえ（はるかに小さい）目を使って障害物

をよけたり、目印を見つけたり、飛行高度を把握するのだ。

　ココウモリには、優れた暗視能力がある。ただし、夜行性なので見るものすべてがモノクロだ。ちなみに、フルーツコウモリは昼行性なのでさまざまな色を見分けられる。

　中米や南米には、「魚釣りをするコウモリ」が何種か生息している。そのうちの1つ、ウオクイコウモリは鋭い眼力と大きな足を使って小魚を水中からすくい上げる。

　この種のコウモリは、ほとんど誰にでも識別できる。翼幅が66センチもあるうえに、洞窟や岩壁などにある棲み処がなんとも**不快な臭いを発している**からだ。

　コウモリをおいしい食材だという人はあまりいないが、グアム島のチャモロ族の人々は結婚式などの特別な日に、大きなフルーツコウモリ（別名「空飛ぶキツネ」）をココナッツミルクで煮込み、翼も毛皮もなにもかも食べるのだという。

　彼らのあいだには「ALS・パーキンソン認知症症候群」（訳注：運動神経系が少しずつ老化して使いにくくなっていく病気）という神経学的疾患が多発しているが、フルーツコウモリが常食としているソテツの実に含まれる神経毒が原因ではないかと見る研究者たちもいる。

竹しか食べない
動物とは？

竹といえばパンダだろうか？

　まず、タケスゴモリハダニというダニを紹介しよう。

　タケスゴモリハダニは竹だけを食べる。このダニは、体のつくりがクモに近い超小型の生物で、体長はたったの0.4ミリ。竹笹の裏側に細かい網状の巣を張りめぐらし、無数のコロニーを形成して生息している。常食とするのは、笹の葉の細胞に含まれるクロロフィル（葉緑素）だ。

　そのため、やがて笹の葉のきれいな緑色は損なわれ、まだら模様の見栄えの悪い葉に変化してしまう。場合によっては、竹そのものを枯らすほど、このダニが大発生することもあるという。タケスゴモリハダニは、巣の中で約40日間生き続け、巣の外に出るのは排便するときだけだ。

　もう1つ、竹だけに寄生する害虫がいる。コナカイガラムシの一種で、この寄生虫は、竹の樹液を糖分の多い蜜に変える。そして、この蜜のせいで煤に似た異様な黒カビが生え、それに引き寄せられてアリが集まってくる。

　カイガラムシの繁殖を抑える（かなり時間はかかるものの）効果的な方法は、その幼虫を食べてしまうことだ。タイでは、こういう竹喰い虫のさなぎは珍味とされ、よく **「白くてちっぽけな赤ん坊の素揚げ」** **として食堂のメニューに載っている。**

　ところで、ジャイアントパンダは完全に竹だけを常食にする動物ではない。たしかにエサの99％が竹の枝や笹の葉ではあるが、パンダ自身が

その気になって狩りに出かければ、小型の哺乳類や魚やその他の腐肉も喜んで食べる。

問題は、パンダが肉食であるにもかかわらず草食動物のように食べることにある。竹は季節を問わずいつでも見つかるが、栄養価が非常に低いので、最低限必要な養分を摂取するためにパンダは**1日12時間も食べ続け**なければならない。というわけで、小動物を狩りに行ったり、竹以外のエサを集めたりする時間もエネルギーもほとんど残らなくなる。

冬眠するのに十分な脂肪分を蓄えることもできず、ひたすらつくり出されるのは、とてつもない量の排泄物。パンダは1日に40回以上排便する。これは食べた竹のおよそ半分の重さに相当する。そして、パンダの糞には繊維質が極めて豊富に含まれるので、タイの動物園ではそれを材料にした特製の紙製品が土産物コーナーで販売されているという。

おそらくは、この絶え間なく食べては眠るという生活スタイルのためだろうが、**パンダにはあまり社会性がない**。テリトリーを守ることに関しても、エネルギーを吸い取られる直接対決は避ける傾向があり、あらかじめ境界線に自分の臭いをつけておいて他のパンダの侵入を食い止めるのみ。

なかでも独特なのは逆立ちをしながらのマーキングだ。尿のかかっている場所が高ければ高いほど、テリトリーの支配権が誰にあるか敵対者にはっきりと伝わるものらしい。

世界中のどこを探しても、こういう行動をとる動物は他にいない。

チンパンジーと人間、
どちらが毛深い？

どう考えてもチンパンジーのほうが毛深そうに見える。

毛包（毛穴）の数は同じだ。

チンパンジーのほうが毛深いように見えるが、実際は、**人間とチンパンジーは体の表面に同じ数の毛包を持っている**。その数は、およそ500万個。人間の頭皮にあるのは、そのうちの10万個だ。

われわれの体毛は、進化の過程で他の霊長類の体毛よりも細くて透明になっていった。同時に全身をおおっていた毛皮が消滅していったが、そのわけは誰にもわかっていない。

シラミを減らすためだったという説もあれば、170万年前に人類が森から出てサバンナに住むようになったときに、過度に体温が上昇しないように体毛を減らす必要があったという理論もある。

また、なぜわれわれの頭髪がこれほど長い間伸び続けるようにプログラムされているのかも、わかっていない。なにもしないで自然に任せておくと、人間の髪は腰の下まで伸び続ける。

人間以外の哺乳類を見ると、どの動物の（頭部の毛も含めて）毛皮もわれわれの体毛と同じように、ある程度の長さまで伸びると生え替わるようになっている（もっといえば、男性諸氏の中には、頭の毛はどんどんさみしくなるのに、どうして耳や鼻の穴からは——眉や背中にも——フサフサと生えてくる人がいるのか。こういったことも説明がついていない）。

ある理論では、われわれの毛皮喪失は脳サイズの増加と結びつけられている。つまり脳が大きくなると、より多くの熱が発生するので、体温を適度に保つために人間は大量の汗をかくように進化したというのだ（たしかに、毛皮があったら汗をかくのは絶対に無理だ）。

　というわけで、毛皮が減れば減るほど体温調節がうまくできるようになり、ますます脳は大きくなった。

　さらに、人類が直立歩行を始めると、毛を必要とする部分は頭だけになった。要するに、肥大化する脳を太陽から守るための頭髪だけを残して、他の部分の毛皮は不要になったというのだ。

　別の見解として、無毛は、それが進化の過程で起き始めると、雌雄選択または性淘汰によってさらに強化されたという考え方もある。つまり**異性にとって魅力的であるために、進化の一形態として無毛になった**というのだ。

　かのチャールズ・ダーウィンも同じように考えた。そしてもしかすると、なぜ女性は男性より毛が少なくなり、また、なぜ滑らかで透明感のある肌が健康美の1つと見なされるようになったのかも、これで説明がつくかもしれない。

　それでも、**誰ひとりとして確信は持てていない。**

　最近でも、古人類学者として第一線で活躍しているイアン・タターソルでさえ「体毛喪失の利点については多種多様な見方があるけれど、そのすべてが単なる仮定にすぎない」と述べている。

哺乳類で、生まれてから死ぬまでの脈拍数がいちばん多いのは？

体が小さい動物のほうがなんとなく脈拍が多そうなイメージ。

今のところ、われわれ人間の総脈拍数がいちばん多い。

大型の哺乳類は、脈拍が遅く、寿命が長い。一方、小型の哺乳類は寿命が短くて脈拍が速い。このため、**どの哺乳類も生まれてから死ぬまでの平均脈拍数はほぼ同じになる**。その数は、およそ5億。こうしたことは「生存率の仮説」として知られ、**人間以外のすべての哺乳動物に当てはまる**といわれている。

医学の進歩と公衆衛生の改善によって人間の平均寿命は長くなり、いまや人類は一生涯に他のどの哺乳類よりも5倍以上も多く脈を打つようになった。

世界最小の哺乳類は、南ヨーロッパに生息するコビトジャコウネズミ。体重はわずか2グラム、体長は3.5センチメートルという。この超小型哺乳類の平均心拍数は、1分間に835。しかし寿命は1年しかなく、捕食される前にかろうじて子孫を残せる程度。

地球上最大の哺乳類シロナガスクジラの体長は30メートル、体重は150トン（アフリカ象の約30倍）もある。心臓だけでも小型自動車並みの大きさで、その律動は1分間に10回、それが実に80年もの長きにわたってくり返される。

この2種類の生物の「生涯総脈拍数」となると、驚くほどに差異がない。コビトジャコウネズミの4億3,900万に対して、シロナガスクジラの

ほうは4億2,100万である。

人間の平均心拍数は1分間に72。これが66年の生涯にわたって続くと、**脈拍数の合計はおよそ25億**になる。

アメリカの宇宙飛行士ニール・アームストロングは、「生涯総脈拍数」という考え方にはまり、自分の分を使い切ってしまわないように、運動をいっさい断念するというジョークを飛ばしたことがある。

しかし、たしかに激しい運動で脈拍は速くなるが、それは短期間のことであり、運動の結果として体力が得られ全般的な心拍数は減少する。

むしろ、脈拍を遅くしたいのなら、ヨガがいいだろう。

2004年にインドの都市バンガロールで30日にわたって実施された調査の結果、**ヨガの呼吸法と瞑想を実行すると、1分間の心拍数を平均10.7も減らせる**ことがわかった。他の方法で心拍数を減らそうと試みたグループでは、成果がまったく得られなかったという。

一方、恐怖心が心拍に与える影響を記録するという生体実験が、1938年、既決殺人犯ジョン・ディーリングの承諾によって実施された。場所は、アメリカのユタ州。

銃殺刑が確定した後、彼は刑務所の医師スティーヴン・ベズレーに自分の心電図を刑執行時にとることを許可した。ディーリングは終始冷静に見えた。だが、記録された心電図の波形には、激しい動揺が明確に表れていた。処刑場の椅子に縛りつけられたとたん、ディーリングの心拍数は72から120に急上昇。最後の瞬間を迎えるときには、180に達していた。心拍が停止したのは、それから15秒6が経過した後だった。

カゲロウの寿命は
1日だけ？

「はかない命」の代名詞。

カゲロウについて誰もが知っていること、それは「1日しか生きられない」ということだろう。しかし実際は、**カゲロウの寿命は1日よりずっと長い。**

種によって多少の違いはあるが、成虫になったカゲロウは1日弱から1週間生き続ける。けれども、これははるかに長い一生の最終期間にすぎない。カゲロウは、生涯のほとんどを水生の幼虫として過ごす。幼虫の期間は、数カ月〜4年と考えられている。

世界には2,500種のカゲロウが生息し、そのうちの55種がイギリスで確認されている。カゲロウ（英名mayfly）は、5月だけではなく夏のあいだじゅう飛び回るが、実は「fly（ハエ）」の仲間ではない。ハエの仲間は、ハエ目または双翅目に属し、カゲロウは蜉蝣目に属している。

歴史的に見れば、カゲロウのほうがハエよりはるかに古く、飛ぶ昆虫としては世界最古であると考えられている。カゲロウの化石記録は、今から3億年前の古生代石炭紀までさかのぼるという。カゲロウにもっとも近い昆虫はトンボ（英名dragonfly）とイトトンボ（英名damselfly）だが、両方ともやはり「ハエ」ではない。

カゲロウが昆虫の中でも独特なのは、羽が形成されたあとに最後の脱皮をして真の成虫になることだ。はじめて水中から出てくるときは、未

熟な成虫すなわち「ニンフ」と呼ばれる段階で、それから脱皮して「ダン」と呼ばれる焦げ茶色の毛針（けばり）のような羽を持った亜成虫になる。

　やがて池から飛び立ち、少し離れた草むらで体を休めると、そこで究極の変身を遂げる。最後の皮殻を脱ぎ捨て、つややかな飛翔体として出現するのだ。

　カゲロウの成虫はなにも食べない。彼らの関心事は、交尾のみ。

　オスの大群がいっせいに空に舞い上がると、メスたちも飛び立って群に混ざり、それぞれに交尾の相手を選ぶ。**ともに空を飛びながら交わりを結んだら、オスはすぐさま水中に落ちて死ぬ。**まもなくメスも水に入り、そこで卵を産み、そして息絶える。

　中でも「ドラニア・アメリカーナ」と呼ばれる種は、最後の脱皮から5日のうちに死ぬといわれている。これだけ小さな時間の枠の中で、カゲロウは生えたばかりの羽を乾かし、空を飛び、伴侶を選び、交尾し、そして──メスだったら──卵を産まなければならない。カゲロウの一生にとって、1日はとても長い時間なのだ。

　世界の国々の中には、空から降ってくるカゲロウの塊から恩恵を受けて暮らす者たちがいる。

　ニューギニア島のセピック川沿いに住む村人たちにとっては貴重なタンパク源である。川面に浮かぶ、交尾を終えたカゲロウを大量にすくい取り、サゴヤシ（訳注：デンプンが収穫できるヤシの木）のパンケーキに混ぜて焼き上げるという。**どことなくキャビアに似た味**なのだそうだ。

繭から出てくるのは？

白い繭からきれいな虫が出てきそうだが……。

蝶は出てこない。でも、たいていの蛾は出てくる。他にも、ノミ、ミツバチ、ミミズ、クモなどが繭から出てくる。

繭は、絹のように滑らかな材質でできた「更衣室」のようなものだ。生き物はそこで生涯の次のステージへと進むべく変態を遂げる。クモの卵が子グモに、イモムシが蛾に。

カイコ（英名 silkworm）は、ミミズのような蠕虫ではなくイモムシである。生まれてから1カ月くらいたつと、カイコは口から糸状の唾液を出しはじめ、3日間かけて慎重に自分の体のまわりにその長い糸を巻きつけていく。

やがて体がすっぽりとおおわれるほどに巻き終わるころには、糸は十分に乾き、それに保護されてカイコはカイコ蛾に変身することができる。

ところが不運にも、まさにこの変身の準備が整った段階で、カイコは養蚕農家の人々につまみ上げられ、工場に出荷されてしまうのだ。重さ1ポンドの絹をつくるのに、3,000個の繭が使われるという。

ミツバチの幼虫はロイヤルゼリーの繭の中で育ち、そのゼリーを食べて成虫になり繭から出てくる。

孵化したばかりのノミの幼生は繭の中で成体になり、そのままの状態で、あなたの家のカーペットに何カ月も潜り込んでいることができる。

床の振動などで宿主動物の存在を知ると、ノミは「待ってました」とばかりにその体に飛びつくのだ。

　交接（訳注：生殖器を使わない生殖行為）を終えたミミズは、粘液を分泌して体の表面に筒状のゆるい袋をつくる。

　この中で体を少しずつずらしては、できた隙間にそって受精卵を産みつけながら養分を分泌し、産卵が完了すると、母ミミズはまるで毛糸のベストを脱ぐように袋を頭部に送り出して離脱。

　その後、袋の両端は密閉され、レモンの形の繭になる。繭の中では、受精卵が養分をとって胚へと成長していく。

　クモもまた、絹のように滑らかな袋の中に卵を産んで孵化させる。クモの糸の中でいちばん太いものが、この目的でくり出される糸だという。

　ルーマニアの小作農たちは、この繭を滅菌ガーゼ代わりにして傷口の手当てをするらしい。

　蝶は繭をつくらず、蛹を形成する。 繭は生き物を保護するために体の外側につくられるものだが、蛹は生き物そのものである。

　蛹のいちばん外側の硬い部分は、イモムシが脱皮して蝶になる前の最後の皮殻なのだ。

　何世紀ものあいだ、蝶と蛾はイモムシとはまったく関連のない昆虫であると考えられていたが、1679年、ドイツの自然科学者でもありイラスト画家でもあったマリア・ジビラ・メーリアンが、『The Caterpillar: Marvelous Transformation and Strange Floral Food（イモムシ：すばらしき変態と奇妙な花の食餌）』という図鑑を出版。

合わせて186種もの蝶と蛾の生涯と変態の様子が細部まで詳しく解説されたうえに、ラテン語ではなくドイツ語による出版だったことから、この時代にもっとも多くの反響を呼んだ科学書となった。

　科学的な観察と記録への彼女の系統だったアプローチは、同時代の研究者たちの誰もが遠くおよばないほど先駆的なものだったともいわれている。
　にもかかわらず、彼女の数々の発見は、他の科学者たちによって「前成説」すなわち**「あらゆる生命体は最初から同時に存在していた」という古い理論を正当化するための根拠**として利用された。
　彼らの主張は、要するに、蝶の成虫がそのままの形で蛹の中に存在しているのだから、もともとアダムとイヴがその体内に、その後生まれた全人類を完全な形で宿していたのは当然だというもの。
　まさに、人形の中から次々に小さな人形が出てくるロシアの民芸品と同じ発想である。

アメーバの棲み処は
どこにある?

驚きの生命の力!

スープや水滴の中? いや、そういうところではない。「まさか!」と驚くかもしれないが、実は、アメーバの中には**自力で設計して建てた家に住む**ツワモノもいる。

アメーバは、ごく小さな単一細胞からなる有機体である。その種類は数千か数万か、とにかく無数にあるということしかわかっていない。ただ、湿り気が多少あるところなら、どこにでも生息できるということは、言うまでもない。

アメーバ赤痢は、ある種のアメーバが病原体になって引き起こされる伝染病だ。この伝染病で1年間に10万人以上の命が奪われ、さらに5,000万人の大腸や肝臓に、この種類のアメーバが寄生しているという。

アメーバよりも単純な構造を持つ生物はいない。

この原生生物の実体は、ただの皮膜にすぎず、膜の中は流動体で満たされ、その中心にある細胞核に遺伝物質が含まれているだけだ。

それぞれに決まった形はないが、体に前面と背面はあって、全身を伸ばしたり縮めたりしながら食べ物に向かって進んでいく。

アメーバは自分の体より小さい藻やバクテリアを囲い込んで養分を吸収し、みずから体を分裂させることによって増殖する。

アメーバが驚異なのは、こうした生態でありながら、一族を形成し、

そのうえ移動式シェルターまで築くことができるということだ。

　彼らの家づくりは、顕微鏡でしか見えない極小の砂粒を飲み込むことから始まる。やがて必要な量の砂粒が用意できると、体からある種の有機セメントを分泌して、すべての砂粒を接着していく。

　このプロセスを逐一観察した人はいないので、どうやってアメーバが家を1つ完成させるのか見当もつかない。

　また、それぞれの種が**独自のスタイルの家を持つ**ともいわれている。全体が球形でホタテ貝のような波形の入り口が正面にある家、洋梨の形をした壺のような家、はたまた、タバコのような細長い筒状の家など、アメーバの家づくりにはそれなりのこだわりがあるようだ（ただ、いずれの家も句読点より小さいサイズである）。

　さらに、家族が増えて住む家が手狭になると、親アメーバは自分の建てた家を保持し、子アメーバはそこらに残っている余り物をゆずり受け、それを足がかりにして自分の住まいづくりに取りかかる。

　脳も持たず、神経系統さえ1本も持っていない生物に、なぜこれだけのことが可能なのだろうか？

　1757年、オーストリアの細密画家でもあり自然科学者でもあったヨハン・レーゼル・フォン・ローゼンホフによって、アメーバの姿や生態が初めて描写され解説された。

　彼は自分の描いたアメーバに、ギリシャ神話に登場した変幻自在の神にちなんで「プロテウス」と名づけたという。

　このとき以来、「アメーバ」という言葉は、世間一般に「初歩的なもの」や「粗末なもの」の代名詞として広く使われるようになった。

しかし、こうした考え方を見直してもいい時期がきているのではなかろうか。

　アメーバ・プロテウス（和名オオアメーバ）の単一の細胞核に詰め込まれた遺伝情報が、実はわれわれ**人間の細胞核の遺伝情報より200倍も多い**ことが最近の研究でわかったからだ。

　たしかに脳は持っていないが、だからといって今までのようにアメーバを「脳たりん」と呼ぶわけにはいかないだろう。

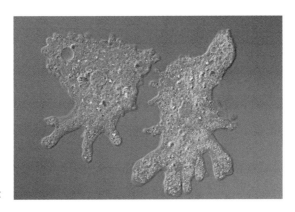

アメーバ

「ツノのある動物」はどれ？

ウシ、ヒツジ、シカ──この中にツノを持たない動物がいる。

動物の頭から突き出ている部分がすべてツノというわけではない。

ツノとは、中心部に常に骨質の芯を持つ部位であり、なおかつ、その芯のまわりが「ケラチン」という繊維状のタンパク質の束で取り囲まれている。

ケラチンは、人間の毛髪や爪を構成するタンパク質でもある。ケラチンを含む動物は、ウシ、アメリカバイソン、ヒツジ、レイヨウ、そしてツノトカゲなど。

便宜上、ツノのように呼ばれているが、**ツノではない突出部分を持つ動物**として、**サイ、シカ、キリン**がいる。

サイの「ツノ」はケラチンでできているが、骨質の芯がない。

シカは、骨でできた枝角を持っているが、シカの枝角はケラチンではなくビロードのように柔らかな皮殻に包まれている。そして、シカの枝角は毎年生え替わる。

キリンは、頭に「大きな骨」という意味の「ossicone（オシコーン）」を5本持っているが、この突出部はケラチンではなく毛皮におおわれている。

そしてゾウ、ブタ、セイウチ、イッカクには、すべて牙がある。牙は伸びた歯であり、象牙質でできている。

ケラチンは驚くべき物質である。アルファ・ケラチンと呼ばれる分子

構造の状態は、より柔らかなタンパク質であり、これによってわれわれの皮膚は柔軟性と防水性を保っている。

アルファ・ケラチンが形成するものは、動物のツノの他に、哺乳類の体毛、毛皮、鉤爪、蹄、爪など。

より硬いベータ・ケラチンと呼ばれる状態では、爬虫類の甲羅や鱗、鳥類の羽毛や嘴などを形成する。

ツノや牙や枝角は、道具や武器として、さらに、交尾の相手を引きつけるために使われることもある。

しかし、本当のツノにかぎっていえば、**その役割は体温を下げることだ**。骨質の芯を取り巻く血管の働きで、ツノ全体がちょうど自動車のラジエーター——エンジンを冷却するために、液体（いわゆる冷却液）を用いて熱を移動させる装置——と同じように機能する。

これとほぼ同じ原理で、ゾウは大きな耳を使って体温を下げている。

中央アフリカ原産のワトゥシウシに巨大なツノがあるのも、これと同じ理由からだ。

世界一大きな（本当の）ツノを持つ動物として記録されているのは、「ラーチ」と名づけられたオスのワトゥシウシ。そのツノの長さは92.5

ワトゥシウシ

センチメートル、重さはそれぞれ45キログラムもある。

ツノのケラチン部分がその骨質の芯から脱落すると、ツノは空洞を持つ物体として便利な道具になる。

前史以来、人類はこうしたツノを使って物を飲み、楽器をつくり、さらに時を経て火薬を運ぶための容器にしてきた。

ボタンや取っ手や櫛にもなり、あるいは、本を綴じ合わせる材料や、（薄く削られて、透明な）窓にまでなった。さらに、熱湯で煮詰めて糊もつくられたという。

人間の頭から「ツノ」が生えたという伝説もいろいろある。

その中でもっとも奇怪なのが、「フィルゼンのツノ生え修道女」と呼ばれたアンナ・シンパーという女性にまつわる話だろう。

場所はドイツ西部のラインラント。1795年、彼女が暮らしていた女子修道院はフランス軍によって占拠され、修道女たちは追い出された。あまりのショックからアンナは発狂し、精神病院に入れられる。

そこでテーブルに頭を打ちつけて何年も過ごすうちに、**アンナの額にできた瘤から1本のツノが生え始めた。**

ツノが伸びれば伸びるほど、アンナの狂気はおさまり、ついに修道院に復帰できるほど正気を取り戻した。やがて、アンナは大修道院長の要職につく。

その後もアンナのツノは伸び続け、1834年には、すでに修道衣の頭巾の下に隠せないほど長くなっていた。

そこでアンナは、ツノを切除してもらうことを決意。87歳という高齢で、大量の出血と苦痛をともなう手術に耐え抜いたアンナは、術後、2年間も生きながらえた。

しかし息を引き取るころには、またあの不思議なツノが伸び始めていたという。

永遠の命を持つ生き物はいる？

そんな生き物が存在するのか？

いる。……「不老不死の」クラゲが存在する。

「ベニクラゲ」と呼ばれるクラゲの成熟した個体は、見た目には他の小さなクラゲとなんら変わったところはない。釣り鐘のような形の透明な体は、幅がおよそ5ミリメートルで、まわりに80本を超える触手がついている。体内に鮮紅色の胃があり、その形は上から見ると十字架そっくりだ。

　ほとんどの刺胞動物（訳注：ヒドロ虫、イソギンチャク、サンゴなど）と同じく、この小さなベニクラゲも捕食生物であり、まず触手を使ってプランクトンに毒を注入し、動かなくなったプランクトンが浮かんできたところを、口でもあり肛門でもある穴を開いてパクリと食べる。

　メスがいくつもの卵を体外に絞り出すのも、この穴からだ。あとからオスが精子を吹きつけると、受精した卵は海底まで落ちていき、それぞれ岩に付着して小さなイソギンチャクのような体になるまで成長を続ける。

　このように触手を広げて岩などに固着している形態は、「ポリプ」（訳注：日本語では動物の形状には「ポリプ」という語が使われ、病理学では「ポリープ」が使われる）と呼ばれている。

　やがて、このポリプは出芽し、その芽が分裂して極小の成熟したクラゲになり、ここからまた最初に戻って同じプロセスが何度もくり返され

る。

　このように子芽を形成して繁殖する生物は——海綿動物、ヒドラ属、ヒトデなども含めて——何千種もあり、しかも、この繁殖形態はおよそ5億年もの間ほとんど変わっていないという。

　では、ベニクラゲの何がそれほどまでに特殊なのか。

　進化の過程で、他のクラゲだけではなく、他のあらゆる生命体にも見られない、ある特異な技能を身につけたという点である。

　成熟したベニクラゲは生殖を果たすと、生きたまま若かりしころのポリプ状態に変身する。長かった触手を引っ込め、体を小さくし、海底まで沈んで成長のサイクルを再開する。

　一度成熟した細胞は——メスの卵、オスの精子までも——溶解して単純な細胞へと変わり、体のあらゆる器官が再び「未熟な」状態になる。

　イモリやサンショウウオも、これと同じ細胞の反復プロセスによって新しい足を再生させることができるが、ベニクラゲのように子ども時代に戻って、**再び人生ならぬ"クラゲ生"を楽しめる**生物はどこにも存在しない。

　実験室のサンプルとして飼われているベニクラゲは、オス・メスに関係なく、すべての成熟個体が定期的に——延々と何度も——この変容をくり返すことが観察されている。

　もちろん、自然界では天敵に食べられたり病気になって死んだりするベニクラゲも多い。だが、こういう災難を免れたベニクラゲは、**永遠に生き続ける**ことになる。

　しかも、個々のサンプルによる生態研究の歴史はまだ浅いため、現存するベニクラゲがもともといつ生まれたものか見当もついていない。

唯一わかっているのは、この不老不死のクラゲがここ数年の間に、カリブ海から世界中の海洋に生息域を広げていることだ。

　これは、おもに船舶から（帰港の際に）放出されるバラスト水（訳注：貨物船などの船底に積む重石「バラスト」として用いられる海水）によって運ばれた結果であると考えられている。

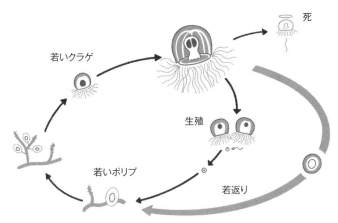

ベニクラゲの若返りのサイクル

　それにしても、これほど途方もないことが他にあるだろうか。

　ベニクラゲを別にすれば、地球上のあらゆる生命体は、いずれ死ぬようにプログラミングされている。そうなっていない生物には、いったいどういう未来が待ち受けているのだろう？

「科学・技術」

PART

2

学校で教えてくれない!? 意外な真実

世界ではじめて飛行機で飛んだのは誰？

もちろん、ライト兄弟、ですよね？

ライト兄弟ではない。

名前はわかっていないが、ライト兄弟よりも50年早く飛行機で飛んだ男がいる。イギリスはヨークシャーの准男爵、ジョージ・ケイリー卿に仕えていた使用人だ。

ケイリー卿は、航空史の専門家のあいだで「近代航空学の父」と呼ばれる人物である。彼は鳥の飛行を科学的に観察し、その空中飛行に必要な力を「揚力・引力・推力」の3つに分類し特定した。これは人類初の快挙であった。この原理にもとづいて、ケイリー卿は飛行マシーンの模型をつぎつぎと試作する。

1804年、ケイリー卿は世界初の模型グライダーを完成させ、その5年後に実物大のグライダーのテスト飛行に成功した。ただし、これは無人機で、その後人間を乗せてもよいと判断するまでに30年かかった。

1853年、英国北ヨークシャーの町スカボロー近くの渓谷において、この勇敢な准男爵は、嫌がる馬車の御者を説き伏せ、新案の飛行マシーンで谷を渡らせた。この無名の御者こそ、空気より重い機械に乗って空を飛んだ最初の人間である。この偉業に御者本人は少しも感動せず、着陸後まもなく辞職を申し出たという。

いわく **「私の仕事は馬車を繰ることで、飛ぶことではありません」** と。

近代技術によって「ケイリー卿のグライダー」を模したレプリカが製

造され、何度も渓谷を渡ることが成功するようになったのは、1974年のことだ。現在、そのレプリカはヨークシャー航空博物館に展示されている。

　ところで、ケイリー卿が後世に残した遺産は「翼」だけではない。グライダーの着陸装置を開発する際、それまでになかった画期的なホイールも考案した。軽量でありながら、着陸時の機体にかかる衝撃を吸収する十分な強度を持つ装置が必要だったため、テンションホイール（ワイヤースポークで車軸と車輪部分が結ばれたホイール）を考案した。このテンションホイールは、自転車や自動車の開発に大きく影響を与え、今も幅広く使われている。

　ケイリー卿の発明はさらに続いた。転覆してもすぐに反転して正常な姿勢を保つセルフライティング救命ボート、現在のブルドーザーに使われているキャタピラ、線路の踏切に設置されている自動信号機、車のシートベルトなども、ケイリー卿の発明品。これらはすべて公共の福祉に役立てるのが目的だった。

　ライト兄弟による有人動力飛行の偉業は、このちょうど半世紀後、1903年に達成された。2人はケイリー卿に刺激され、さらに、もう1人の航空界の陰のヒーロー、オットー・リリエンタールからも影響を受けたという。ドイツ航空工学のパイオニアであり「グライダー王」として知られるこの技師が、何度も空を飛んだ最初の人間だ。ライト兄弟が現れる前の10年前に、すでに2,000回以上のグライダー飛行に成功している。

　彼の飛行実験は、1896年に墜落死するまで続けられた。彼は最期にこう残している。「小さな犠牲は払われなければならない」と。

世界でいちばん硬い物質は?

永遠の輝きを放つダイヤモンド?

いや、**ダイヤモンドより硬い物質がある。**

2005年、ドイツのバイロイト大学の科学者たちが、純粋なカーボン（炭素）を高温高圧で圧縮することによって、新しい物質をつくり出した。ハイパーダイヤモンド、または**ダイヤモンド・ナノロッド凝集体（ADNR）**と呼ばれる物質で、その硬度は極めて高いが、黒々と光るアスファルトのように見えるシロモノだ。

炭素だけからなる元素鉱物「グラファイト」（日本では石墨または黒鉛と呼ばれる物質）が、高温高圧によって別の鉱物「ダイヤモンド」に変化する可能性があることは、長いあいだよく知られてきた。しかしバイロイト大学の研究チームが原料に使ったのは、グラファイトでもダイヤモンドでもなく、第3の炭素同素体「フラライト」だった。

これは、バックミンスターフラーレン、またはバッキーボールとも呼ばれ、60個の炭素原子がサッカーボールか、または、かのアメリカ人建築家リチャード・バックミンスター・フラー（1895〜1983）が設計したジオデシック・ドームのような球殻状の分子構造を持つ同素体である。

ダイヤモンドの炭素原子はピラミッド式に積み上げられた無数の立方体として並んでいるが、この新しい物質は、極小の連結したロッドで構成されている。これが「ナノロッド」（「ナノ」は、ギリシャ語で「小人」）と呼ばれるもので、1つの大きさが縦1ミクロン（1メートルの100万分の1）

×横20ナノメートル（1メートルの10億分の20）である。この横幅は、人間の毛髪の約5万分の1に相当する。

フラライトが摂氏2,220度もの高温で熱せられ、そして正常な大気圧の20万倍もの圧力で圧縮されると、「硬度」だけではなく、「剛度」と「密度」においてももっとも高い物質が生成される。

「密度」は、物質中の分子がどれほど密に配列しているかを示し、X線を使って測定される。ADNRは、ダイヤモンドより0.3％高密度だ。

「剛度」は、圧縮率の測定基準で、物質の大きさを縮めるのに全側面に等しく加えられる力の量によって示される。

基本単位のパスカルは、気圧計の開発に貢献した17世紀のフランスの数学者ブレーズ・パスカルにちなむ。

ADNRの圧縮率は491ギガパスカルで、ダイヤモンドの442ギガパスカルより高い。また、鉄の圧縮率は180ギガパスカルなので、ADNRは鉄の3倍近くも圧縮しにくいといえる。

「硬度」の比較はもっと単純だ。

ある材質で別の材質を引っかいたとき、傷をつけた側（無傷のほう）が硬いことになる。

ドイツの鉱物学者フリードリッヒ・モースは、1812年に「モースの硬度計」を考案した。

もっとも柔らかい鉱物のタルクまたは滑石（モース硬度1）から始まり、次に柔らかいのが鉛（1.5）だ。普通のサンドペーパー（コランダムまたは鋼玉石でできている）は、モース硬度9である。

そしてモース硬度の最高値10は、天然ダイヤモンドだ。さらに、ADNRはダイヤモンドに引っかき傷をつけることができるから、モース硬度で表すことはできない！

ちなみに、ダイヤモンド好きの人には残念なお知らせだが、**ダイヤモンドは「永遠」ではない**。化学的にいうと、グラファイト（タルクと同じくらい柔らかい物質として知られている）のほうが、ダイヤモンドよりはるかに安定した鉱物である。

　実際のところ、すべてのダイヤモンドが非常にゆっくりとグラファイトに変化（黒鉛化）している。

　とはいえ、その過程は人間の目に知覚できないほどゆるやかなので、ある日突然、自分のダイヤのイヤリングが鉛筆になっている——などということはない。

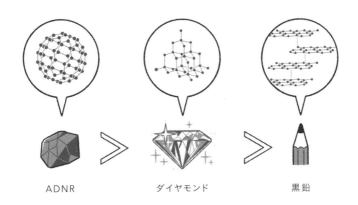

ADNR　　　　　　ダイヤモンド　　　　　黒鉛

科学界でいちばん
「奇妙な物質」は？

もっとも身近な「アレ」である。

　それは**まさかのH₂O**だ。水または酸化水素が、科学界でいちばん奇妙な物質として知られている。空気を別にすると、いちばん人間に身近な物質だ。水は地球の表面の70％をおおい、また、われわれの脳の70％を占めてもいる。

　水は単純でありふれた、酸素と水素が結合した化合物だ。酸素以外の気体が水素と結びつくと、かならずまた別の気体ができる。つまり、なぜか、**酸素と水素の組み合わせだけが液体になる**のだ。
　そして水は、他のどの液体ともあまりにも違う反応を示すことから、「理論的には存在するはずのない液体」といわれている。水の特異な性質を数え上げると、なんと66項目におよぶという。
　中でもいちばん奇妙なのは、**自然界では水以外のどんな物質も、同時に液体と固体と気体として存在することはできない**ということ。
　海に氷山が浮かび、その上空に雲が漂っているのは、人間の目にはごく自然な光景だが、化学的には自然なことではない。
　また、ほとんどの物質が冷やされると小さくなるのに対して、水は摂氏4度以下になると膨張して軽くなる。だから氷は浮かび、冷凍庫に入れっぱなしにしたワインボトルは破裂してしまうのだ。

　水の分子の結合は非常に強いので、状態を変化させるには大きなエネ

ルギーを要する。水の温度を上げるには、鉄を熱するより10倍ものエネルギーが必要だ。

　自分自身が熱くならずに大量の熱を吸収できる性質があることから、水は地球の気候を安定した状態に保つうえで大きな役割を果たしている。

　海の温度は、陸上の温度より3倍も安定しているし、海水が透明なために太陽光は深い海まで届き、その結果、海の生態系が維持されている。

　海中はもちろん、地上に水がなかったら生物はまったく生きられない。そして水を圧縮するのは極めて難しいが、高速で物にぶつかる水は、コンクリートと変わらない衝撃を与えることができる。

　さまざまな種類の物質が水中で分解されるので、水は「**万能溶媒**」とも呼ばれている。金属が酸の中で溶解すると、その金属は永遠に消えてなくなるのに、水中で石膏を溶かした場合は、水がすっかり蒸発してしまうとまた石膏が生成される。このように物質を消滅させずに分解する能力を持つ水は、逆説的にいうと、**地球上でいちばん破壊的な物質**だともいえる。

　遅かれ早かれ、地上のありとあらゆるもの——鉄の排水管からグランドキャニオンまで——が、水に侵食されるに違いない。

　また、月と火星には、かなりの量の氷の堆積があり、さらに、太陽表面の比較的温度の低い部分には、わずかながらも水蒸気があることがわかっている。

　地球では、大気中の水（水蒸気）の量は、水の総量からするとわずかだ。そのほとんどは、地殻プレートの深部か、または、その岩盤の鉱物構造に取り込まれるかして、地球の奥深くに閉じ込められている。この隠れた水が放出されれば、なんとすべての海洋を30回溜め直せる水量だ！

水は何度で凍る？

もっとも身近な物質「水」の不思議な性質。

純粋な水は、摂氏0度で凍らない。……海水も同じく、摂氏0度で凍らない。

水が凍るには、水の分子がしがみつく物質が必要だ。氷は、氷晶核（鉱物粒子などの粉塵のかけら）のまわりに形成される。この核がないときは、マイナス42度まで温度を下げなければ、水を凍らせることはできない。

水を凍らせずに冷やすことは、**「過冷却」**と呼ばれ、みなさんも非常に純度の高い水をボトルに入れて、ご家庭の冷凍庫でゆっくりと冷却すれば「過冷却水」をつくることができる。**ボトルを取り出して軽く叩くと、ボトルの中の水は瞬く間に氷になる**はずだ。

極めて高速で水を冷やすと、また違う効果がもたらされる。氷になる段階（通常の結晶格子の構造を持つ段階）を踏まずに、混沌とした非結晶質の、「ガラス状の水」と呼ばれる個体に変わってしまうのだ。

これが形成されるには、2ミリ秒（訳注：1ミリ秒は1,000分の1秒）間にマイナス137度まで水温が下げられなければならない。

地球上では、実験施設でしか「ガラス状の水」を目にすることはないだろうが、宇宙ではこの水の状態がもっとも普通である。ちなみに、**彗星はこの「ガラス状の水」でできている。**

海水は塩分を多く含んでいるために、通常、水温が摂氏0度を下回っても凍らない。魚の血液は普通ならマイナス約0.5度で凍るが、南極の

シラウオやニシンは内臓にタンパク質を蓄え、それが血液中に吸収されて、ちょうど自動車のラジエーター内の不凍液のような役割を果たし、氷晶核の形成を防ぐという。

　また、水の沸点はかならずしも摂氏100度ではない。これよりはるかに高温で沸騰することもあり、そのためには、液体をゆっくりと温める必要がある。しかもこの場合は、入れておく容器の内側に傷があってはならない。容器の内壁についた傷が空気を入れる小さなポケットになり、その周囲に泡粒がついてしまうからだ。

　沸騰が起きるのは、水蒸気の泡が膨張し水面から飛び出してくるときで、通常は摂氏100度だが、水に小さな泡粒ができる場所がないと、その表面張力に打ち勝つほどの泡ができるまでさらに加熱しなければならない。

　電子レンジで温めすぎたコーヒーを取り出したとき、スプーンでかき回した瞬間に、急に中身が爆発したようにあふれ出すのは、カップの揺れやコーヒーの表面の動きが連鎖反応を引き起こし、その結果、コーヒーの中の水分が一気に蒸発しはじめるからだ。

　最後にもう1つ、水の奇妙な性質を紹介しよう。**温水のほうが冷水より速く凍る**こと。これに最初に気づいたのはアリストテレスだった。紀元前4世紀のことだ。しかし、現代の科学に受け入れられたのは1963年。当時、中学生だったタンザニアのエラスト・ムペンバという名の少年が、アイスクリームミックスを熱いまま凍らせたところ、冷やしてから凍らせたものより速く凍ることに気づき、不思議に思って何度もくり返し実験してみたという。これがなぜかは、今もって解明されていない。

鶏が先か、卵が先か

「永遠の問い」に終止符を打つ。

卵が先！　ファイナルアンサー！

イギリスの遺伝学者J・B・S・ホールデン（1892〜1964）が言うように、「鶏が先か、卵が先か」は、昔からいちばん多く問われた問題である。いまだに問われ続けているということは、多くの人々が進化の理論をまったく教えられていないか、その理論を信じていないかのどちらかである。

進化論を念頭に置いて考えれば答えは明白だろう。鳥は爬虫類から進化した。だから、**最初の鳥は卵から生まれたはずだ。——爬虫類の産んだ卵から。**

卵は見た目ほど単純ではない。まず、生物学者にとって、卵といえば卵子のこと。雌の小さな生殖細胞だ。

これは、雄の精子によって受精されると胚または胎芽に発達する。この卵子と精子は、配偶子と呼ばれる。

鶏の**卵**の中で、この小さな2個の細胞が合体して「胚領域」または「胚盤」を形成する。

このまわりにあるのが、成長するヒヨコに栄養を与える「卵黄」だ。卵黄のまわりに、卵白またはアルブミン（胚乳）があり、これも栄養価は高いが、主な役割は卵黄を保護すること。

そして卵黄の両側には、「カラザ」という白い紐状のものが1本ずつついていて、卵黄が卵の真ん中に保たれるようになっている。

卵白を囲んでいるのは、炭酸カルシウムでできた殻だ。ヒヨコは殻に開いた無数の小さな穴を通して呼吸ができる。

　そして殻と卵白の間にはエアポケットが1つあり、そこに空気が溜められる。それぞれが薄い皮膜で仕切られているので、こういう卵はまとめて「閉鎖卵」と呼ばれるようになった。

　このすべてを、鶏はたった1日でゼロからつくり上げる。

　1826年、エストニア出身の生物学者カール・エルンスト・フォン・ベーアは、哺乳類の卵子を発見し、人間の女性が卵を産むことを証明した。

　オランダの科学者アントーニ・ファン・レーウェンフックは、歴史上初めて、顕微鏡を使って精液を観察した。

　彼は、1つひとつの精子の中にミニチュアの「ホムンクルス」（訳注：16世紀に錬金術師が蒸留瓶の中につくったとされる人造の小人）が見えた、と思ったようだ。

　ようやく、胎芽は卵子と精子が結合して発達したものだということが証明されるのは、1870年代以降のこと。

　そして、さらに20年たってから、ドイツの生物学者アウグスト・ヴァイスマによって、精子も卵子も親の遺伝子の半分しか持っていないことが発見された。

　精子は人体の中でもっとも小さな細胞の1つだ。その大きさは、卵子の20分の1しかない。

　一方で、卵子は人体の中でもっとも大きな細胞の1つであり、平均的な細胞の2倍はあるが、それでもこの文章の句読点ほどの大きさだ。

飛行機事故で
生き延びる確率はどれくらい？

シートのお値段に比例するとは思いたくない……。

　実は、とても高い。……とりわけ**低料金の座席は、生き延びる確率がグンと上がる。**

　アメリカでは、1983年から2000年のあいだに568件の墜落事故が起きた。そのうちの90％に生存者があり、搭乗者総数53,487名のうち51,207名が生還している。雑誌『ポピュラー・メカニクス』によると、墜落時にいちばん安全なのは後部座席であり、翼よりずっと後ろの座席にいる人の生存率は69％だという。翼にかかる座席か、または翼より少し前の座席にいる場合、死なずに機外へ脱出できる確率は56％まで下がる。最悪なのは、ファーストクラスの中でも最前列の座席で、この場合の生存率は49％まで落ちる。このシートのために払った金額を考えれば、理不尽な話だ。

　火災安全工学の世界的第一人者、グリニッジ大学のエド・ガレア教授によると、**最大の危険はシートベルトにある**そうだ。非常事態が起きると、乗客はパニックにおちいり、日ごろやっている動作で、つまり自動車のシートベルトを外すときと同じやり方で外そうと必死になる。その結果、脱出が遅れ、ときにはその遅れが命取りになるという。
　火災は、もちろん重大な問題だ。煙を吸って窒息してしまうからだ。いざというときにいちばん安全な場所は、通路側の座席で、なおかつ非常ドアの近くだろう。離陸前に、いちばん近い非常ドアと自分の座席の

あいだに列がいくつあるか確認しておくといい。——万が一、客室に煙が充満しても、手探りで脱出することもできるように。

最近まで、大型旅客機が不時着水に成功することは不可能と思われていた。誤差の許容範囲が、ほんのわずかしかないからだ。衝撃によって機体が大破しないように、パイロットはできるだけ速度を落とさなければならないが、このとき、同時に揚力を失うようなことがあってはならない。また、尾部を先に着水させるために、機首を持ち上げる必要がある。

一方、両主翼は完全に水平でなければならない。もし片方の翼の先端がもう片方より早く着水すれば、機体は横転して大破してしまう。燃料は、着水前に使い切るか、投棄しなければならない。さもないと、たとえ無事に着水できても、燃料の重みで機体は沈没してしまう。

そのうえ、天候や海面の状態にも左右される。いずれの条件も適していなければ、パイロットがどれほど冷静に行動しても惨事は免れないのだ。

これほどの不安材料が揃っていながら、これまでに少なくとも6機の旅客機が緊急着水に成功している。中でも驚異的な不時着水として有名なのが、2009年1月に、ニューヨークのハドソン川で起きた奇跡である。USエアウェイズ1549便（機種はエアバスA320）は、離陸後まもなく、ガンの一群と衝突。機長のチェズレイ・サレンバーガー3世は、不時着水を完璧に成功させ、乗客乗員155名全員の命を救った。

ところで、**空港までの往復のタクシーに乗っていて死ぬ確率のほうが、飛行機に乗っていて墜落死する確率より何倍も高い**というのは事実である。

電子の速さを想像できるか?

とにかくものすごく速そうだが……。

時計の分針とほぼ変わらない速度で動いている。

電子は、19世紀末に、原子の中にある負電荷の粒子として発見された。

学校で、「地球上のあらゆる原子の中心、つまり原子核の周囲を自由に動き回っている」と教わったもののことだ。その電子が同じ方向にいっせいに動くことでつくり出されるのが、われわれが「電気」と呼んでいるものである。

電子が電気回路内のワイヤー伝いにどれくらいの速さで動くかは、ほとんどの場合、そのワイヤーの材質と大きさ、そして電流の強さ（アンペア数つまり電子の量）で決まる。

たとえば、直径1ミリの標準的な銅線が、10アンペアの電気を産み出す電池とつながっているとすると、電子1個の動く速度は時速0.0008キロメートル。

ちなみに、カタツムリが庭を這い回る速度は時速0.05キロメートル──電子の60倍も速い。

このように電子の動くスピードは遅くても、その電気シグナルは（照明のスイッチから電球へと伝わるシグナルのように）ほとんど光速と同じスピードで伝わる。

なぜかというと、電気が流れるワイヤーに、電子がほとんど隙間なく

充満しているからだ。

　ゴルフボールがぎっしりと詰まった長い管を思い描いてみるといい。管の端から新しいボールをさらに押し込んだら、もう一方の端にいちばん近いボールが（新しく入ってきたボールのスペースをつくるために）いやおうなく外に押し出される。

　しかも、ボール1個を押し込んでから別のボール1個が押し出されるまで、ほとんど時間がかからない。われわれの目には同時に起きたと見えるだろう。

　このように、電気シグナルも一瞬で伝わる——管の中のすべてのゴルフボールと同じように、どの電子もそれぞれほんの少しの距離しか動いていないのに。

　電流には、交流（AC）と直流（DC）の2種類がある。

　DC回路では、電気は一方向にしか流れないが、AC回路（家庭のコンセントから流れる電気と同じタイプ）では、電子は絶えず前後に動いている。

　ちょうど、あなたがゴルフボールを管の片方の端から詰め込んでいる間に、誰かがもう片方の端から別のボールを絶えず詰め込んでいるのと同じような状態だ。

　こうした「シーソー効果」のために、AC回路内の1つひとつの電子は、実際にはどこにも移動していないことになる。

　さらにいえば、ほとんどの**電子は、宇宙と同じくらい古く、生まれたのは約137億年前**だと考えられている。

　ところで、電子の大きさはどうだろうか？

　科学者のあいだでは、そもそも電子には特定のサイズがないといわれることもあれば、毛髪の幅の1兆分の1くらいの球体だろうといわれるこ

ともある。

　だが近ごろでは、ほとんどの科学者がもはやこの粒子を電子とは呼ばず、代わりに「確率密度電荷」（Probability density charges）と呼んでいるという。

　かつて「電子」という名前で知られていた粒子は、電気エネルギーに変わる可能性を持つ、形のごくあいまいな雲のようなものだ。こうした状況で、その極めてファジーな存在の「サイズ」を云々（うんぬん）するのは、意味のないことかもしれない。

つかみどころのない電子という存在

鋼鉄、ガラス、ゴム、どのボールがいちばんよく跳ねる?

ゴムに決まってる!?

いちばん跳ねるのはガラス製のボール。……次が鋼鉄製のボールで、最後がゴム製のボールだ。

ボールが地面に当たると、その衝撃でボールの下向きのエネルギーの一部が奪われる。このエネルギーは、ボールの表面が圧縮しながら吸収するか、あるいは熱として放出されるかのどちらかだ。

一般的には、ボールが硬ければ硬いほど、奪われるエネルギーの量は少ないといわれている（柔らかいボールが、ぺちゃんこに押しつぶされてしまうのは、エネルギーを全部奪われるから）。

これは、あくまでもボールが何か硬い表面に当たったことを想定した話である。

「跳ね返ることのできる物質の特性」を考えるとき、跳ね返る物質だけでなく、それが何に当たって跳ね返るのかも問題にしなければならない。

たとえば、ビー玉やボールベアリング（玉軸受）を柔らかい砂の上に落としたとする。ご想像どおり、どちらも跳ね返らない。下向きのエネルギーがすべて砂に吸収されるからだ。

では、鋼鉄製のアンビル（金属加工などの作業台）に、同じビー玉かボールベアリングを落としたらどうなるだろうか?

同じ高さからゴム製のボールを落としたときより、はるかに高く跳ね返るはずだ。

こうした跳ね返る物質の特性を表したのが、力学などの専門用語で「反発係数（COR）」と呼ばれるものだ。それぞれの物質が衝突の際に失うエネルギーを計測する尺度である。

エネルギーをすべて残らず失う場合が「0」、まったく失わない場合が「1」と表される。硬いゴムのCOR値0.8に対して、ガラス製のボールは最大0.95のCOR値をとることもあるという。

これは、あくまでもガラスが粉々に割れないときの数値だ。意外なことに、**なぜどのようにガラスが砕け散るのか、その本当のところを知る人はいない。**

2005年に世界中から大勢の科学者たちが集まって開かれた会議「The Third International Workshop on the Flow and Fracture of Advanced Glasses ＝『第3回 最先端ガラスの流動性と破砕性に関する国際学術研究会』」でも、ついに意見の一致が見られなかったという。

ガラスに多くの特有な性質があるのは、ガラスがもともと通常の固体ではなく、非結晶質（または、無定形）の固体だからだ。

溶融ガラスはあまりにも速く凝固するため、その微粒子が結晶格子に落ちつくのが間に合わないという事態になる。

なぜなら、ガラスには微量のソーダ（炭酸ナトリウム）と石灰（酸化カルシウム）が含まれていて、その2つの成分がシリカ（二酸化ケイ素）原子の構造に介入するからである。

こうした付加物質がなかったら、シリカはもっとゆっくり冷却して、化学的にはスッキリかつ整然とした——けれども、はるかに有用性の低い——「クオーツ（石英）」ができあがるだろう。

一部の科学者は、十分な時間——おそらくは、何十億年もの時間——が与えられれば、やがてガラスの微粒子も他の物質と足並みを揃えて正真正銘の固体を形成するようになるだろうと考えている。

　だが今のところは、ちょうど交通渋滞に巻き込まれた車と同じように、前後左右の物質にルートをはばまれているので、ガラスの微粒子は秩序あるパターンを形成したくてもできない状態にある。

　このように、どうにも変えられない混沌（こんとん）状態の、目に見える結果が、滑らかで透明で神秘的なガラスなのだ。

馬1頭の馬力は？

馬1頭だから、1馬力というのでは？

1馬力以上、**最高15馬力くらい**はあるだろう。

馬によって違うし、また、あなたが何時間その馬を必要とするかによっても違う。

スコットランド出身の発明家ジェームズ・ワットが「馬力」という言葉を考案したのは1783年のこと。

彼がつくった蒸気機関の使用料を算出するために、仕事量を表す単位として考案したといわれている。

だが、蒸気機関を発明したのはワットではない。その功績は、紀元62年に、記録に残る最古の蒸気機関「アイオロスの球」を発明した古代ギリシア人工学者「アレクサンドリアのヘロン」のものだ。

そして18世紀はじめに、イギリスの2人の技術者トーマス・セイヴァリとトーマス・ニューコメンによって、鉱山の排水のために最初の大型蒸気機関が建造された。

その後、このタイプの蒸気機関の修理を任されたワットは、作業に取り組んでいる最中に画期的な着想を得たといわれている。

ワットが気づいたのは、コンデンサー（凝縮器）を分離すれば熱量のロスが低減し、蒸気機関の出力効率が大幅に上がるということだった。

1765年、ワットは蒸気機関の再設計に成功。

これによって、旧タイプよりも大きなパワーを、75％少ない燃料で産

出する蒸気機関が誕生した。

　自身の手で完成した新しい蒸気機関が商業的に実用化されたのは、そ
れから10年もたってからだった。

　1775年、ようやくワットは、バーミンガムを拠点とする実業家マ
シュー・ボールトンと事業パートナーを組み、その後約25年間に500台
もの蒸気機関を建造。

　こうした量産中にも、ワットは機械の改良に余念がなかった。

　1781年には、蒸気をピストンの両面に交互に作用させる複動機関を考
案。

　これによって大気圧より高圧の蒸気を用いることが可能になり、その
結果、ついに蒸気機関が車輪を回転させる時代が到来した。

　ワットの蒸気機関は、蒸気を動力として使う鉱山や水道などの大規模
事業だけではなく、大小さまざまな工場、醸造所、鉄道などの交通機関、
そして農業においても利用されるようになった。

　これはちょうど産業革命の足音が高まりつつあるころであり、ワット
とボールトンの発明によってイギリスはその最前線に立つことができた
のである。

　2人の次なる挑戦は、自分たちの発明品に相応な値段をつけること
だった。

　最終的に2人が行き着いたのは、新型の蒸気機関に交換したことで消
費する石炭量が以前よりはるかに減り、その結果として必要経費を節約
できるわけだから、その浮いた金額の3分の1を代金として請求する、と
いう案だった。

　当時、小麦などの粉を引いたり水をくみ上げたりするのに、馬が動力
として使われていたので、2人は新型の蒸気機関の能率をわかりやすく

判断する基準として「馬力」を考案した。

　だが、2人は意図的に馬が持つ力を過大に見積もり、結果として、1頭の馬の実際のパワーより低い値を「1馬力」と定めることになった。

　これは気前のいい計らいだったが、同時に、抜け目のない対応でもあった。

　つまり、商談の相手に値段に十分見合うものを手に入れたと（今でいう費用対効果が高いと）思わせつつ、後々になって「わしの馬はこんな機械よりもっと働くぞ」的なクレームが出ないようにとの、かしこい方策でもあった。

　平均的な馬が1馬力以上の安定した力を出す一方で、ごく短時間なら一気に14.9馬力まで出せる馬もいる。もちろん馬によって違いがあり、大型のシャイアホース（訳注:「荷馬車馬」ともいわれる大型の馬）だったら、連続で1.5馬力もの目覚ましい力を出すこともできるという。

「1馬力」とは、3万3,000ポンド（約15トン）の荷物を1分間に1フィート（約30センチメートル）の高さまで引き上げられる力であると定義されている。

　ちなみに人間は、どれほどがんばってもわずか0.1馬力しか出せないらしい。

放射性物質はどう見えるのか？

ブラックライトに照らしたら、光って見えそう。

いや、**暗闇で光ったりしない。**

放射能が目に見える光として探知されることはない。もしそうなら、地球全体が闇の中で光り輝くだろう。

そして、地上のあらゆる植物も動物も。なぜなら、岩石、土、生体組織、とにかく**地上のありとあらゆるものが少量の放射性物質を含んでいる**からだ。

放射（radiation）とは、電波・光・熱・X線などのエネルギーが空間を通って伝わること。

こうしたエネルギーを形成しているのは、光速で波状に動きながら広がる（あるいは、放射する）光子または光量子である。

すべて同じものでできていて同じスピードで伝わるのだが、それぞれの波の頂部と底部との距離、すなわち波長は異なっている。

このような波長の違いは、「電磁スペクトル」として知られる基準に沿って分類される——電波のような波長の長い「低周波」から、X線のような波長の短い「高周波」まで。

この低周波と高周波の中間に位置するのが、われわれの目に見える狭帯域電磁エネルギー、すなわち「可視光（線）」である。

放射線は、すべてわれわれにとって有害だが、ただ、あまりにも大量に長時間その放射線にさらされた場合だ。

たとえば、太陽光——赤外線（熱）・可視光線・紫外線という異なる波長が混在するもの——を浴びすぎると日焼けして皮膚が炎症を起こす。

　電磁スペクトル上もっとも高周波の太陽光線には極めて大きなエネルギーがあり、そのために電子が軌道からはじき飛ばされ、もともとは中性だった原子に正の電荷を与えることがある。

　こうした電荷を帯びた原子は「イオン」と呼ばれ、1つのイオンから次々と連鎖反応的に別のイオンが発生する。

　これが原因で細胞内の分子構造が変化し、その結果、われわれは「日焼けによる皮膚の炎症」「がん性腫瘍」「遺伝子突然変異」などの深刻なダメージを受けるのだ。

電磁スペクトル

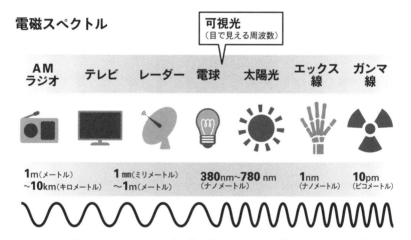

可視光
（目で見える周波数）

| AMラジオ | テレビ | レーダー | 電球 | 太陽光 | エックス線 | ガンマ線 |

| 1m(メートル)〜10km(キロメートル) | 1mm(ミリメートル)〜1m(メートル) | 380nm〜780nm(ナノメートル) | 1nm(ナノメートル) | 10pm(ピコメートル) |

　こういう（放射線を放出する）物質に共通して備わっている性質または能力が、いわゆる「放射能（radioactivity）」である。

　この用語は、ポーランド出身の化学者マリー・キュリーが1898年につくった。

　用語こそキュリー夫人の発案によるものだが、実はその2年前に、フランスの物理学者アンリ・ベクレルが、偶然そのプロセス（つまり放射

線の放出）を発見していた。

　ベクレルは、ウラン塩の蛍光を研究している最中にたまたまウランがなんらかの（今でいう）放射線を発していることに気づいたのだという。ベクレルの発見を受けて、その正体と原理を突き止める研究を引き継いだのがキュリー夫人とその夫ピエールだった。

　キュリー夫人は、ウラン以外にもこれと同じ性質を持つ元素（トリウム）があることに気づき、やがてウランの百万倍もの放射線を発する新元素を発見。彼女はこれを「ラジウム」と名づけた。

　ベクレルとピエール＆マリー・キュリー夫妻は、こうした放射線発見の功績により1903年ノーベル物理学賞を受賞。その後ほどなくして、ラジウム塩の「活性化」効果が注目を集め、視力障害、うつ病、リウマチなどの治療に役立てられるようになった。

　ミネラルウォーターや歯磨き粉や美容クリームやチョコレートにまでラジウムが加えられた時代もあり、さらには**「ラジウム・カクテル」なる飲み物が大ブーム**になったこともある。

　そして、塗料にラジウムが加えられると、その塗料が発光することから、時計の文字盤などの夜光塗料として利用されるようにもなった。

　闇の中でみずから光る時計の文字盤──これが、いわゆる「緑色の光を出す放射能」なるものの起源である。

　だが、ラジウムそのものが発光しているのではない。ラジウムが塗料の中の銅と亜鉛に反応して、「放射線ルミネセンス」または「放射蛍光」と呼ばれる現象が起きているのだ。

　にもかかわらず、「ラジウムから出る光」は、世間の人々の頭にこびりついて離れなくなった。

　人間が放射能を浴び続けるとどういうことが起きるのか。その真実が

明らかになったのは、1930年代はじめである。

　何百万人もの「ラジウム・ガールズ」と呼ばれる労働者たち——工場で時計の文字盤に「闇夜に光る」ラジウム入りの塗料をせっせと（唇や舌で何度も筆の穂先を整えながら）塗っていた女性たち——の間で、顔の変形や損傷をともなうがんなどの痛ましい病気が多発し、死亡者が相次いだ。

　そして1934年、キュリー夫人もまた再生不良性貧血で死去した——自身が発見した「魔法のような」物質を長期にわたりあつかい続けたために。

キュリー夫妻

最初のコンピュータを
つくったのは誰か?

そういえば、誰?

「つくった」という言葉がクセモノだ。

イギリスの数学者**チャールズ・バベッジ**（1791〜1871）は「コンピュータの父」として有名だが、その功績は実際に計算機を「つくった」ことではなく、**世界初の計算機を考案した**ことだ。

彼が設計した「バベッジ・エンジン」とまったく同じ規格の装置が、彼の時代に調達可能だった材料だけを使ってはじめて完成されたのは、2002年だった。

長さ3.3メートル、重さ5トンもある大型マシンには8,000個の部品があり、建造には17年を要したという。

現在、このマシンは「チャールズ・バベッジの階差機関」としてロンドンのサイエンス・ミュージアムに展示されている。

19世紀、大英帝国のすべての事業が数字の計算によって成り立っていた。銀行業務から輸送業務まで、通商のあらゆる局面が正確な「数表」（訳注：電卓やコンピュータ以前に、計算を簡略化し迅速に結果を求めるために用いられていた対数表や関数表などの総称）に依拠していたのだ。

ここに誤りがあれば、たちどころに金を失い、引いては命まで失いかねない。ところが、当時の数表は大勢の人間の手で流れ作業的に単純な計算をする方法で作成され、そのために間違いが極めて多かった。

これに代わるマシンをつくろう、数表作成の機械化をライフワークにしよう、バベッジがそう決心したのは、1821年だった。

しかし、あまりにも膨大な（間違いだらけの）数表にいざ直面すると、彼は同僚に向かってこう叫んだという。「こんな計算など、いっそ蒸気によって実行されていればよかったものを！」

バベッジは優秀な数学者だったが、世渡りは苦手だったようだ。路上のミュージシャンたちに我慢がならないときも、思うままに罵声を浴びせた結果、かえって集団での報復を受けるはめになった。

ロンドン中心部にあった自宅は、昼夜を問わず騒音による一斉攻撃に遭い、近隣の商店には彼への嫌がらせのプラカードが吊るされた。せめて政治家たちとうまく立ち回れば、仕事に必要な資金を調達できたかもしれないのに、バベッジはそれもできなかった。

生活に有用な数々の発明も成し遂げ、特許をとったにもかかわらず、バベッジは不遇のうちに死を迎え、世間から忘れ去られていく——彼のもっとも画期的な発明品、のちの時代にコンピュータと呼ばれるようになった文明の利器を、資金不足のために自分の手で完成させられなかったばかりに。

彼の死後つくられた、パンチカード方式のプログラムによって制御されるコンピュータは、メモリ（記憶装置）とプリンター（出力装置）も搭載した高機能機器である。

この**最初のプログラミング言語を開発したのは、イギリスの伯爵夫人エイダ・ラブレス**、詩人ジョージ・ゴードン・バイロン卿の独り娘だった。

彼女はバベッジに師事し、その功績を彼以上に深く理解していた。

1840年代に、彼女はすでにコンピュータがいつの日かチェスの対戦相手となり、音楽も奏でるようになると予見していたという。

バベッジの設計図をもとに、1853年、スウェーデン出身の技師ジョージ&エドワード・シュウツは、バベッジ自身が「ディファレンス・エンジン（階差機関）」と名づけていた装置の原型をはじめて完成させた。

　この父子は、実際に動く最初のコンピュータを建造しただけではなく、完成した2機の売却も実現させた——1機はニューヨークにある天文観測所へ、もう1機はロンドンの登記所へ。いずれも、グランドピアノほどの大きさだったという。

　しかしながら、この2機も厳密には最初のコンピュータとはいえない。1900年、なにやら錆びた人造物が、エーゲ海のアンティキティラ島沖で発見された。現在、これは「アンティキティラの機械」と呼ばれ、天体運行を精密に計算するために**2,000年も前につくられた歯車式機械**であると考えられている。

　われわれが今「コンピュータ」と呼んでいるものは、もともとは「計算機（コンピューティング・マシン）」と呼ばれていた。そもそも19世紀中ごろまでは、「コンピュータ」といえば、単に「なにかの計算を行った人」のことだった。

　そういうわけで、誰が最初のコンピュータをつくったのかという質問への答えは、正確には「コンピュータの親たち」という他ないだろう。

電子レンジで、食べ物は どこから温まる?

カレーやシチューを温めると、だいたい温度がムラになる。

お察しのとおり、電子レンジは「**なにもかもまんべんなく**」温**められるわけではない。**

「マイクロウェーブ・オーブン」すなわち電子レンジは、電磁波放射を利用した調理器具だ。この電磁波は、「電磁スペクトル」では電波と赤外線とのあいだに分類されている。

「マイクロウェーブ」とは、「マイクロ波」のこと。この電磁波が「マイクロ波」と呼ばれるのは、波長が電波よりはるかに短いからだ。

マイクロ波の汎用性は極めて高く、いろいろな器具や装置に利用されている。

携帯電話ネットワーク、Bluetooth(ブルートゥース)のようなワイヤレス通信機器、GPS装置、電波望遠鏡、レーダーなどもすべて、それぞれ異なる周波数のマイクロ波を活用するしくみだ。

マイクロ波は電波よりも大きなエネルギーを運ぶが、電磁スペクトル上ではX線やガンマ線が位置する危険ポイントから遠く離れたところに分類されている。

電子レンジが直接食べ物に熱を加えるということはない。**電子レンジが温めるのは、水だけ**である。

電子レンジ(の中で放射されるマイクロ波)の周波数は、水の分子を励

起状態にする、つまり活発化するだけなのだ。マイクロ波のエネルギーが均等に食べ物に伝わることで、まず食べ物に含まれている水分が温められ、その水分の熱で食べ物が調理されるというしくみである。

ほとんどすべての食べ物に多少の水分が含まれているものだが、完全に乾燥している食材はどうだろう。

たとえば、コーンフレーク、米穀・パスタ類などは、電子レンジで調理することは不可能だ。

スープの真ん中にある（水の）分子のほうが、スープの表面や皿の周辺近くの分子より先に加熱されるということもない。実は、それと反対のことが起きる。

スープの濃度がどこも一定だったら、表面にいちばん近い水分が熱エネルギーの大半を吸収してしまうからだ。

こうした点では、電子レンジでの加熱調理は普通のオーブンでの調理とあまり違わない。

ただ、電子レンジの場合はマイクロ波によって（普通のオーブンより）短時間に深いところまで加熱が進むという利点はある。

たしかに、食べ物の真ん中だけが熱くなることもたまにあるが、どういう種類の食品でもそうなるわけではない。

たとえば、アップルパイは、内側より外側のほうが乾燥しているので、**水分の多い真ん中が外側のパイ生地より熱くなる。**

電子レンジの機能は水の分子を励起状態にすることなので、どれだけ長く加熱しても食べ物が（水の沸点である）100℃より高温になることはめったにない。

だから、電子レンジで調理された肉は軟らかくはあるけれども、強火でのあぶり焼きではなく、むしろ弱火でコトコト煮た肉に近い食感になる。

肉やジャガイモをカリッと色よく焼き上げるには、だいたい240℃かそれ以上の温度が必要だ。

　ともあれ、この便利な調理器具はもともと**レーダー開発の副産物**として1940年代に誕生したものだ。

　1945年、アメリカの軍需製品メーカー「レイセオン」所属の技術者パーシー・スペンサーは、「マグネトロン」と呼ばれる発振器（電気をマイクロ波に転換する、レーダーの主要な装置）を製造していた。

　あるとき、彼は作業服のポケットに忍ばせていたチョコバーが完全に溶けていることに気づく。

　マグネトロンが発したレーダー電波を浴びたからだと考え、ためしに金属の箱をつくってマイクロ波を放射。急造品の電子レンジで彼が最初に調理した食べ物は、ポップコーンだった。

　2回目の実験では、生卵1個をまるごと使って見事に爆発。卵の中の水分が急激に蒸発したからだ。

「レイセオン」社の動きは素早かった。1947年に最初の電子レンジを商品化。そして1960年代後半には、より小型の一般向け電子レンジがアメリカの多くの家庭で使われはじめた。

　その後、長年のうちにあれこれと不穏な噂（体に悪いとか、食品の栄養素がなくなるとか）が飛び交いはしたものの、電子レンジはいまや、アメリカで90％の普及率を誇るキッチン用品である。

「生活」

PART

3

365日、毎日の不思議を解明する

お通しの定番・ピーナッツの「怖い話」

もうバーのピーナッツが食べられなくなる？

　バーでお通しとして供されるピーナッツを検査した科学者がいて、27人もの尿が付着していることが判明した——そんな驚きの噂がある。俳優のジョニー・デップもトーク番組に出演中、この話題を口にしたことがある。

　しかし、われわれの知るかぎり、これまでにそのような科学的調査が行われたことは一度もない。ただ、2003年、ロンドンの新聞『イブニング・スタンダード』は、市内のバー6軒を非公式に観察して、無料で出されたおつまみ類のサンプルを回収。**テストの結果、6軒中4軒のおつまみから腸内細菌が検出された。**これは、糞便からも検出される種類の細菌だった。

　アメリカ微生物学会は、2000年に1,000名の人々を対象にアンケート調査を行い「公衆トイレに行ったときに、手を洗うか」と質問した。

　95％が「毎回かならず洗う」と回答。研究者たちはこの結果に確信が持てず、トイレに隠しカメラを設置。結局、**本当に手を洗う人は、全体の58％**だった。

　別の調査では、アメリカ人の8％が、公衆トイレで雑菌に触れるのを恐れるあまり、靴底で便器の水を流すということもわかった。

　フランス人は、同様の調査に際してもっと正直な——あるいは、無頓着な——回答をしている。男性の56％、女性の66％が、「トイレに行ったあと手を洗ったことは一度もない」と認めたのだ。この結果を受けて、

あるフランス人エンジニアは、レストランのトイレに行った人が手を洗うまで出られなくなる装置を開発したという。

近ごろでは、レストランで出される無料のミントキャンディについても、「ピーナッツ疑惑」とそっくりの内容が同じ言葉で語られるようになった。

1994年、カナダの地方紙『オタワ・センティネル』が記事にすると、その地域を管轄する保健機関は検査官を送り込んで調査を始めた。調査のポイントは2つ。──「レストランで配られるすべてのキャンディが個装されているか」と「キャンディをあつかう店員はきちんと決まっているか」。

さて、われわれにとってリスクが高いのはどっちだろう──ピーナッツか、ミントキャンディか？

答えはなんと（飲み物を冷やす）角氷だった。

ウェールズの首都カーディフにあるホテルとパブ、そしてアメリカのシカゴのファストフード店とバーを対象に行われた正式調査によって、角氷の少なくとも20％が「腸から排泄された物質」に汚染されていると判明した。原因は、**店のスタッフが手を洗っていなかった**ことにあるという。

さらに、2010年1月、アメリカのバージニア州にあるホリンズ大学が実施した調査によると、地元レストランなどに設置されているドリンクバー90台から出た飲み物の半分近くが、大腸菌テストで陽性だった。この調査結果は、排泄物汚染の可能性があることを示している。

明るい情報もある。調査が行われた時期に、大学がある市内では飲食物関連の病気は1つも発生していないことが明らかになっている。それでも、どうかお願いだ。これからは、かならず手を洗ってほしい。

バスルームでいちばん
雑菌に汚染されているのは？

トイレは汚いものだと思い込んでいるが……。

便器ではない。……最有力候補は、あなたの使っている歯ブラシだ。

マンチェスター大学が2010年に行った調査によると、普通に使われている歯ブラシ1本に1億ものバクテリアが潜んでいるという。その中には、皮膚発疹を起こさせるさまざまな種類のブドウ球菌、下痢の原因になる大腸菌、A・B・C型すべての肝炎ウイルスも含まれる。

湿った歯ブラシは、われわれの口（つねに、600種類以上のバクテリアがいるといわれている）からも雑菌を拾うが、それだけではない。

洗面台に置かれた歯ブラシには、トイレの水を流すたびに（周囲1.8メートルの範囲まで）飛び散るバクテリア混じりの細かなミストが降りかかるのだ。

パニックを起こす前に、そして、歯ブラシを毎朝ドメスト（トイレ用除菌洗剤）に浸そうと考える前に、知っておいてほしいことがある。

それは、こういう**バクテリアのほとんどが無害**であること。もちろん、バクテリアが血流に侵入するようなことがあれば話は別だが、それでも、健康な大人と子どもにとってはたいした脅威にならない。病気の原因になるのは、たとえば、大腸菌の中でも突然変異した菌株だけ。

口や胃腸の中のバクテリアのほとんどは、食べ物の消化を助ける働きをしている。歯ブラシを使ったあとに水洗いして乾かしておけば、（そして、トイレの水を流す前に便座にふたをすれば）バクテリア感染のリスクを大幅に減らすことができるというわけだ。

ところで、雑菌はバスルームだけに生息しているのではない。

トイレの便座よりも、はるかに多くの微生物がいるのが机の上。

トイレ掃除は定期的にやるけれど、デスクワークで使う領域はめったに掃除しないからだ。

2004年に米国アリゾナ大学が実施した調査によると、平均的な事務机に1,000万もの微生物が住みついているという。おおよそ、1平方センチメートルあたり微生物の個体数は3,250ということになる。

いちばん多く微生物がいるのは、電話機（1平方センチメートルあたり3,895）。ついで多いのはキーボード（1平方センチメートルあたり511）、その次がコンピュータのマウス（1平方センチメートルあたり260）。

これにひきかえ、トイレの便座にいる微生物は1平方センチメートルにつきたったの15個。ちなみに、バスルーム内の、歯ブラシにつぐ雑菌集中箇所は、トイレの水洗ハンドル。だが、2人に1人が本当は手を洗わないことを知っているわれわれにとっては（94ページ参照）、さして驚くことでもないだろう。

まさにこういう理由から、アメリカ人の8％は足を使ってトイレの水を流すようになったというわけだ。

部屋のほこりは
何でできている？

あまり考えたくない話ではある。

……ダニか皮膚だろうか？

ハウスダストの中身については、これまでに幅広い研究がなされてきた。アレルギー症状の原因になるからだが、実は、**ハウスダストのほとんどが壊死した皮膚というわけではない**ことが判明している。

ほこりの中身は、国によっても家によっても、そして部屋によってさえ異なるため、有益なデータを集めるのはかなり困難である。さらに、季節ごとに、また住人のライフスタイルごとに中身は変わるものだ。たとえば、ペットを飼っているかどうか、どれくらいの頻度で掃除をするか、窓を開けるかどうか、などによる。

現段階ではっきりしているのは、ハウスダストの70％が人間の皮膚であるというのは大げさ過ぎるということ。それより断然多い中身は、動物の皮膚のかけら、砂、昆虫の死骸や排泄物、（キッチンの）小麦粉、そして実に大量の普通の泥だ。

1年間に1人の人間から剥がれ落ちる皮膚の量は、小麦粉の小さい袋1つを満杯にするほどらしいが、そのほとんどが風呂の水で流されるか、あるいは、**イエダニに食べられてしまう**という。

イエダニは、小さくて太った体に足が8本あり、厳密には昆虫ではなくクモの仲間だ。住みつくのは、人間の家の他に、ハチや小鳥の巣。小

さじ半分のハウスダストに、1,000匹ものイエダニと、その糞25万粒が入っている可能性があるという。

さらに、イエダニはわれわれのベッドにも生息している。しかし、イエダニの老廃物や死骸が、マットレスや枕の重さの半分まで占めると考えるのは、バカげている。寝具製造業者（とりわけ、アメリカの）は、こうした信ぴょう性のない噂が広まるのをなすがままにしているのだが——。

ハウスダストに過敏に反応する人たちのほとんどが、実際には、イエダニそのものよりも、その排泄物にアレルギー反応を起こしているという。このダニの腸から排泄された酵素が、人間の呼吸経路を攻撃し、その結果、花粉症や喘息（ぜんそく）に似た症状を起こさせるのだ。

このようなアレルギー症状を別にすれば、ダニを気にする理由など1つもない。実は、あなたもすでに、繁栄するダニのコミュニティを1つ自分の顔面で養っている。

ニキビダニは、もっぱら人間にだけ寄生するダニだ。長くてスリムな（体長は約290μmで、皮膚の毛包部にぴったりと収まるほど細い）ボディに、微細な鉤爪（かぎづめ）と、針のような口器があり、それを使って皮膚細胞を突き破るという。ニキビダニは後ろ向きに歩けないので、たとえば、**人間のまつげの根元のような居心地のいい場所に頭から突っ込むと、それっきりそこから這い出ることはない。**そしてやがて、害を及ぼすことなくそのままの状態で（お尻を最後に）体組織は分解する。

イエダニとは違って、ほとんど排泄物を出さないため、ニキビダニは肛門を必要とさえしないのだ。

PART

3　「生活」

飛行機の航路の下に住んでいたら、落ちてくるものとは？

ときどきニュースになっている気がする!?

　凍ったおしっこの巨大なかたまりとか？　**そんなものが落ちてくることはいまだかつてなかったし、これから先もない**だろう。

　飛行機が機内トイレの内容物を空中に撒き散らすことはありえない。排泄物は汚水タンクに集められ、着陸後に廃棄される。また、このタンクの安全性は厳重な管理によって確保されている。仮に、発狂したパイロットがタンクを投げ捨てたくなっても、そのためには機体の外側を通らなければならない。

　きわめてまれなことだが、飛行機から氷が落ちてくることはありえる。毎年、300万余の飛行機がイギリス領空を通過するが、イギリス民間航空局（CAA）は1年に20から30件の氷瀑らしき報告を受けるという。

警戒する必要もない

こうした苦情を受けると、その都度、CAA は該当する航路の調査を行っている。過去20年間に、合計5名の住民が空から降ってきた少量の氷に当たったとのことだ。

2009年7月、サッカーボール大の氷のかたまりが落ちてきて自動車の屋根にぶつかった。現場は、イギリスのラフバラという場所。だが、そのときに上空を飛んでいた飛行機は1機もなく、結局、雹の集塊の落下として片づけられた。

もし航空機から氷が落ちることがあるとしたら、翼の表面についていた水分が飛行中の高度によって凍結した（着陸時には、解凍する）か、機体の密閉機能に欠陥があり、空調システムから水が漏れ出て凍結したかのどちらかだろう。

機内のトイレでは、排泄物の脱臭と固形物の分解のために、水洗用の水に青色の化学薬品が加えられるが、もし青い氷が地面に落ちてきたとしても、それは薬品投入パイプの欠陥によるものだ。トイレそのものや汚水タンクから漏れ出ることはない。

アメリカの連邦航空局（FAA）も同じ主張を貫いている。これまでに、飛行機のトイレから落ちてきたものに当たったアメリカ人は1人もいないという。

「ドロッとした茶色い物が空から落ちてきた」という苦情電話が増えるのは、ちょうど鳥の渡りの時期に重なる。

さらに FAA は、いわゆる「青い氷」についても、**液体を垂れ流しながら空を飛ぶ鳥たちがブルーベリーを食べていたせい**だろうとしている。

スピード違反取締カメラが発明されたわけとは？

どうか引っかかりませんように。

車の速度を落とすためではなく、**もっとスピードを出して走るた**めだった。

最初のスピードカメラは、オランダの技師モーリス・ガツォニデスによって開発された。ガツォニデスは交通安全を訴える運動家どころか、ヨーロッパ初のプロのラリー・ドライバーだった。

彼がドライバーとして頂点を極めたのは、1953年。モンテカルロ・ラリーにフォード・ゼファーに乗って参戦し、総合優勝を果たしたときだ。

コーナーを回るスピードを上げたいという彼自身の飽くなき欲求心から開発された最初の「ガツォメーター」に使われたのは、路面に張った2枚の感圧ゴム。1枚目の上を車が走り過ぎた瞬間にストップウォッチが作動し、2枚目の上を通過する瞬間にストップウォッチが止まるというしくみ。

こうして、世界初のスピード測定装置が誕生すると、ガツォニデスは計測をさらに正確にすべく、フラッシュカメラを加えて改良する。この装置を使って別の走行ラインを試すことにより、コーナーを回るスピードをどこまで上げられるかわかるようになった。

ほどなく、ガツォニデスは自分の発明したカメラがスピード違反者をつかまえるのにも有用だと気づく。1958年に有限会社を設立し、以後20年にわたり、発明品の性能を高めていった。1971年には、感圧ゴムの代わりにレーダービームを導入。この「ガツォ24」は40カ国以上に

設置されたという。

イギリス初の「ガツォ24」が1988年にノッティンガムに設置されると、それまでこの種の最新テクノロジーの採用という点で遅れをとっていたイギリスは、いまやヨーロッパをリードするスピードカメラ使用国となっている。

その効果も上々で、2006年に発表されたイギリス交通局の調査報告によると、それまでの4年間にカメラ設置箇所を通過した車のスピードは平均して6％低下。交通事故で死亡または重傷を負った人の数は42％減少したそうだ。

一方で、スピードカメラに対する反感は強い。今も昔も、ネズミ捕りが交通安全のためというより、違反者から罰金をとるために行われているように感じる人は多い。

誰もが、かならず一度や二度は違反速度を出しているし、運転者の75％はほぼ毎回のように速度制限を守らずに走ると認めている。

しかし、どれほど不平不満の声が上がろうと、交通局の調べによれば、われわれ住民の82％が「スピードカメラはいい装置だ」と思っているらしい。

ガツォニデスもそう思っていたのは確かだ。かつて、こう打ち明けたことがある。

「僕もしょっちゅう、**自分のつくりだしたスピードカメラでつかまってしまう**よ。家に帰ると、めちゃくちゃな額の罰金通知が待ち受けているわけさ。なにしろ、飛ばすのが大好きだからね」

やせて見えるストライプは、縦、横、どっち？

縦縞のほうが、ほっそりするのは常識？

縦のストライプに決まっている？

……いや、そうではない。2008年にイギリスのヨーク大学で行われた調査の結果、**着ている人をほっそりと見せるのは、横のストライプ**だということが判明した。

実験では、協力者たちに縦縞か横縞のワンピースを着ている女性たちの写真を200組以上見比べさせ、どちらが太って見えるか答えてもらったという。

その結果、同じサイズの女性2人を比べると、横縞のワンピースを着ているほうが縦縞を着ている女性よりやせて見えたそうだ。

実際のところ、女性2人の体のサイズが同じように見えるには、横縞のワンピースを着ているほうは（身体の横幅が）6％増しでなければならなかったらしい。

なぜこのような実験を行うにいたったかというと、心理学者ピーター・トンプソンが率いるヨーク大学の研究チームは、縦縞がやせて見えるという世間一般の考え方が、間違っているのではないかと疑問を持ったからだ。

有名な**「ヘルムホルツの正方形」にある錯視の効果**（p.106の図を参照）——まったく同じ大きさの正方形なのに、横のストライプでできた正方形のほうが（縦のストライプでできた正方形より）高く見える効果——という現象があるが、それと真逆ではないのかと。

ヘルマン・フォン・ヘルムホルツは、ドイツ出身の19世紀の博学者だ。彼は医師であり理論物理学者であったばかりか、実験心理学という研究領域の確立に貢献し、さらに生理光学を科学の1分野へと発展させた学者でもある。

　縞模様の服に関して、ヘルムホルツは極めて断定的にこう発言している。「横縞の入ったフロックコートを着ている人は、実際より背が高く見えるものだ」

　どういうわけか、彼の発言は1世紀以上ものあいだ、ずっと無視されてきた。

　ところで、アメリカ・アリゾナ州の保安官ジョー・アルパイオが、1997年に縞模様の囚人服を復活させたとき、女性の服役囚たちから「太って見えないように、縦縞にしてほしい」と懇願されたという。当時を振り返り、アルパイオはこう述べている。

「彼女たちに、おれは機会均等を重んじる収監者なんだって言ってやった。男が横縞を着るんなら、女も同じように横縞を着るのが平等ってもんだろってな」

　縞模様の囚人服は、もともと19世紀初頭に導入されたもので、人混みに紛れようとする脱獄犯を見つけやすくするのが目的だった。

　ところで、一般にファッションの常識とされるものの中で、正しいとヨーク大学の研究チームが認めたのは、**黒を着ると本当にやせて見える**ということだ。

　この調査は、もう1つ別の有名な錯視に端を発したもので、それは、「白を背景にした黒い円は、黒を背景にした白い円よりも小さく見える」という目の錯覚である。

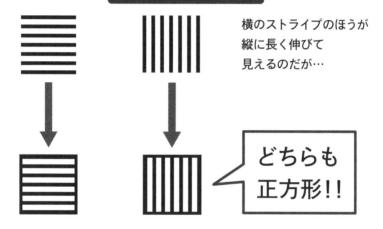

ヘルムホルツの正方形

横のストライプのほうが
縦に長く伸びて
見えるのだが…

どちらも
正方形!!

深度と距離をはかるには、目がいくつ必要か?

人間の驚くべき「脳の力」。

1つ。
両目が必要だと思うだろうが、実際には、**片目で十分。**

もちろん、両目を使って別々の視角ができ、その異なる視角によって奥行きを認知するというのは本当だ。2つの異なるカメラで立体的な映像をつくりだす3D映画と同じ原理である。

なにかを見るとき、われわれは左右の目から得た別々の視覚情報をもとに単一の「視野」をつくりだす。
つまり、視野の右の部分は右の脳へ、そして左の部分は左の脳へ送られ、脳がその2つを合体させて単一の画像にしている。
ところが、1つの目でもわれわれの脳は距離を判断することができる。片方の視力を失っても、脳はもう片方の目から得た情報を処理し、体の動きと対比させて図式化するのだ。
こうして、脳はこの視覚的な手がかりと非視覚的な手がかりの両方を結合し、深さの感覚もつくりだす。

そして実のところ、**目など1つもなくても「見える」**ということが判明している。
アメリカの神経科学者ポール・バチリタは、30年にわたり「感覚代行」をテーマに実験を行った。

その結果、体内の異なる部分はそれぞれ異なる感覚器官から集まる情報を受け取るが、その情報の伝達形態——電気を帯びた神経インパルスによる伝達——はつねに同じだということに気づいた。

　つまり理論上は、感覚器官を交換して神経系統の配線を変えることが可能だということだ。

　2003年、バチリタは「BrainPort（ブレインポート）」と呼ばれる装置のテストを開始。頭につけたカメラを使って記録した視覚イメージを、舌で感知できる電気パルスに変換して伝達する装置だ。

　舌は、人体の露出した部分の中でもっとも多くの神経終末部を持っている。

　装置をつけた人の舌が感知するのは、長さ、周波数、強さの異なる一連の電気パルスであり、それぞれの電気パルスは視覚データに呼応している。

　この装置をくり返し使ううちに脳は徐々に適応していき、最終的に、**舌に送られるイメージが「見える」ようになる**と博士は考えた。

　結果は目覚ましいものだった。被験者たちは、しだいにものの形を認識し始め、さらに文字や顔も識別できるようになり、投げられたボールをキャッチすることさえできるようになったという。

　視覚障害があっても、この装置を使っている人たちの脳の視覚野は刺激を受け取っているということも、脳スキャン検査で明らかになっている。

　眼球の衝動性（または跳躍性）運動は、人体でもっとも速い動きといわれている。

　眼球は絶え間なく振動している。この眼の高速度運動がないと、人間は目が見えなくなる。神経インパルスを脳に伝達するために、桿体細

胞と錐体細胞は、絶えず光による刺激を受けていなければならない。

　網膜は、眼球の高速度運動によってつねに光線を受ける状態を維持できるが、その一方で、脳には不要な情報を編集カットする機能が備わっている。

　われわれの視界を、脳がどれだけ編集し、カットしているか——それがわかるちょっと不気味な方法を1つ紹介しよう。

　鏡に向かって立ち、まず片方の目を見て、それからもう片方の目を見てみよう。けっして自分の目の動きをとらえることはできないはずだ。

　他の人の目には、はっきり見えるのに。考えてみれば、これはとても不思議なことではないだろうか。

体熱はどこから奪われていく?

頭のてっぺんと聞いたことがある。

かならずしも、頭のてっぺんからではない。

「頭のてっぺんから」という言い伝えは、ちまたで根強いだけではなく、実は公認されてもいる。

アメリカ陸軍で使われている『野戦教本』によれば「体熱の40％から45％は、頭から奪われる」とのことで、寒冷時に帽子をかぶることを推奨している。

こうした考えは、1950年代に米軍の科学者たちによって実施された実験結果にもとづくものといわれている。

それは、被験者たちが（頭になにもかぶらない）「北極サバイバルスーツ」を着て、極低温の環境で体熱がどれだけ奪われるかを計測する実験だった。

低体温サバイバル研究の世界的第一人者、カナダの熱生理学教授ゴードン・ギースブレヒトによると、「頭と首は人間の体表面のわずか10％に過ぎず、体の他の部分以上に熱が奪われるということはない」そうだ。

他のどこよりも頭が冷えるような気がするとしたら、それは頭と首に神経細胞が集中しているために、温度変化に対して敏感だからである。

だが（寒さを感じる）神経系統からの情報は、そのまま体から失われる熱を示すものではない。

人間の体は寒さを感じると、露出した皮膚の血管を閉じて、末端部ま

での血流を減らそうとする。これによって、指先や足先や鼻や耳が凍傷にかかりやすくなるが、一方、脳や他の生命維持に必要不可欠な臓器は寒さの影響を受けずにすむ。

さらに、寒さに対する反応として、身震いがある。身体の筋肉が無意識に震えだし、運動エネルギーを使うことによって熱をつくろうとするのだが、この反応をつかさどるのは、脳の中の「視床下部」である。

この視床下部には、空腹や喉の渇きや疲労などに対する本能的な調節機能もある。

ギースブレヒトは1991年以来、寒さの人体に与える影響を調べるために、みずから低体温症になる実験を少なくとも39回は行った。

低体温症は、われわれの体内温度が35℃を切り、体の主要な機能が低下しはじめるときの状態を指す。

この研究のために、**彼は氷の張った湖に何度も飛び込み、スノーモービルに乗って極寒の夜の海に突入した**という。

こうした実験と、自身が著したサバイバル手引き書によって、博士は「アイスキャンディー教授」と呼ばれるようになった。

もし、氷点下の湖に落ちたらどうするか。ギースブレヒト博士が提唱する「生き延びるためのコツ」は、最初の1分間に呼吸を完璧に整えること。呼吸が安定すると、その後10分間は筋肉が低温の影響を受けはじめず、**1時間は低体温症を食い止める**ことができるという。

ついでに博士からの他のアドバイスも紹介しておこう。

温かい飲み物で寒さを防げることはない。糖分の多い飲み物は、体が熱をつくるための燃料になるので有効。

手を温めようと息を吹きかけてはいけない。その息にある湿り気で手がさらに冷え、凍傷になる危険性が高まる。

涼しさを保つために
何色の服を着るべきか？

白っぽい服のほうが涼しいのは当然では？

　学校では、薄い色の服を着るほうがいいと教えられる。

　白は日光をはね返し、黒は逆に吸収するから、少しでも涼しく過ごすには薄い色の服を着るほうがいい、と。だが実際は、それほど単純ではない。

　暑い国々では、地元住民は黒っぽい服を着ることが多い。たとえば、中国の小作農や南ヨーロッパに住む年配の女性たちは、昔ながらの慣習として黒い服を着るし、サハラ砂漠の遊牧民であるトゥアレグ族はインディゴブルー（青藍色）の衣装を好んで身につける。

　濃い色の服に涼しさを保つ効果があるのは、熱を処理するプロセスが常に並行して2つあるからだ。つまり、**太陽から浴びる熱と、体から外へ放つ熱**の両方が同時にあるということ。

　たしかに薄い色の服は太陽光の熱を反射するが、体の熱をうまく放射するのは濃い色の服のほうなのだ。

　暑い気候の土地に住む人々は、わざわざ直射日光の当たるところに立ち止まろうとはしない。このことを考えに入れれば、濃い色に軍配が上がる。

　なぜなら、日陰にいるあいだ、より涼しくなれるのは濃い色をまとっている場合だからだ。

　これに加わるのが風の要因。非常に暑い場所で生活する人々が、体に

ぴったりのオーバーオールや特注のスーツを着ることはまずない。彼らが着るのは、ゆったりとした──最大限の空気循環を可能にする──長めの衣類だ。

1978年、鳥の羽衣色彩の重要性を研究する調査結果が出た。それによると、暑い無風状態では、白い羽毛が熱を逃がすのにいちばん有効だが、風が時速11キロを超えたとたんに、黒い羽毛が──軽くて柔らかな羽の場合──いちばんの冷却機能を発揮したという。

ちなみに、黒毛牛と白毛牛を使った実験でも、同じような結果が出ている。

これを人間に当てはめると、穏やかな微風しか吹いていないときでさえ、**ゆったりした黒い服を着ていれば、熱を吸収する以前に発散できる**ということになる。

トゥアレグ族の服装

ナポレオンの身長はいくつ？

「おちびさん」という噂はどこから？

　格別低いわけではなかった。

　ナポレオン・ボナパルトが小男だったというのは、いまや世界の共通認識となっているが、実は、これは**誤訳とある種のプロパガンダ**が結びついて生まれた迷信である。

　ナポレオンの検死解剖は、1821年、かかりつけの医師だったフランチェスコ・アントンマルキによって行われた。その記録では、ナポレオンの身長は「5/2」。イギリスの単位に換算すると、5フィートと6.5インチ（169センチメートル）になる。

　当時のフランス人男性の平均身長は、5フィートと4.5インチ（164センチメートル）。ということは、ナポレオンの身長は彼の周囲のほとんどの人々より高く、さらに、**当時のイギリス人男性の平均身長**（5フィート6インチ、つまり168センチメートル）**よりも高かった**ことになる。

　同じ時代に長身といわれたウェリントン公爵の身長よりほんの2.5インチ低いだけで、なおかつ、ナポレオンにとってもう1人別の強敵だったホレーショ・ネルソン子爵（訳注：アメリカ独立戦争、ナポレオン戦争などで戦ったイギリス海軍提督）より2.5インチ高かったということだ（ちなみに、ネルソン子爵の身長はわずか5フィート4インチ、つまり162センチメートルだった）。

　1799年に権力を掌握してまもなく、ナポレオンはあらゆるフランス軍

兵士に身長による資格制限を設けた。

　たとえば皇軍精鋭部隊の擲弾兵たちは、少なくとも5フィート10インチ（178センチメートル）の身長がなければならず、また、彼直属の近衛隊だった精鋭騎兵部隊も身長5フィート7インチ（170センチメートル）以上の兵士たちで組織された。

　ナポレオンが権勢を振るったほとんどの期間、彼は人並み以上に背の高い兵士に囲まれていたことを意味する。その結果、ナポレオンは小柄だというイメージができあがったのかもしれない。

　イギリスが生んだ偉大な風刺画家ジェームズ・ギルレイは、ジョナサン・スウィフト作の小説『ガリバー旅行記』からヒントを得た作品『ブロブディンナグの王とガリバー』で、史上初にしてもっとも痛烈な小男ナポレオンのイメージを描き上げた。

　この風刺画では、イギリス国王ジョージ3世がナポレオンを手のひらに載せ、単眼鏡を片手にしげしげとナポレオンを眺めながら、こうコメントしている。

「おまえのような、ちっぽけで汚らわしく卑劣な爬虫類が、よくものうのうと地上を這い回っていられるものだ」

「小柄なナポレオン」神話が延々と語り継がれるのは、**「ナポレオン・コンプレックス」**という言葉が広く知れ渡ったからでもある。

　これは「背の低い人には劣等感があり、その反動で攻撃的な性質を持つ」といわれる俗信。しかし、この俗説には**科学的な証拠はほとんど認められていない。**

ネアンデルタール人は
どんな姿形だった？

サルっぽい姿を想像してしまうのだが……。

われわれとそっくりだった。

　髪を短くしてスエットの上下でも着れば、そのままバスに乗ってもまわりから浮くことはないだろう。

　人間にもっとも近い化石人類の遺骨がはじめて発見されたのは1856年。ドイツのデュッセルドルフ郊外、ネアンデルという谷だった。ネアンデルタールは、この谷にちなんで命名された。

　通称ネアンデルタール人（正式にはホモ・ネアンデルターレンシス）は、道具を使い、宝石を身につけ、宗教的な儀式を行い、死者を埋葬し、そしておそらく言葉を話すこともできていた。

　現代人と同じように、下あごには発話に必須の舌骨（舌の根元を支えるＵ字型の骨）があり、また、遺伝子分析の結果、われわれとまったく同じ「言語遺伝子」（FOXP2）（訳注：文法能力を含む言語発達との関連を示唆する遺伝子）もあることがわかった。

　「ネアンデルタール」という言葉を「うすのろ」とか「考え方が古くさいやつ」というイメージでとらえるのは、実は不公平なことなのだ。

　こうした筋違いの通念は、ネアンデルタール人の骨格が最初に復元された際の誤った解釈に端を発する。

　復元モデルを手がけたのは、フランスの古生物学者ピエール・マルセ

リン・ブール。

1911年に彼がつくり上げた骨格標本は、弯曲した背骨、かがんだひ<ruby>弯曲<rt>わんきょく</rt></ruby>ざ、そして前に突き出た頭と尻を特徴としていた。

しかし1957年、この骨格が再調査されると、もともと重度の変形性関節症を患っていた人骨であることが判明。つまり、この標本は平均的なネアンデルタール人を再現したものではなかったのだ。

そのうえ、ブールは自身の先入観を作品に色濃く反映させ、なんの科学的根拠もなく、足の親指を他の指と対置させた骨格に仕上げていたのだ。まるで類人猿と同じであるかのように。

現生人類とネアンデルタール人は、**今から44万年前〜27万年前のどこかの時点で別々の種に分岐した**。初期のネアンデルタール人は、ホモサピエンスよりはるかに早くアフリカを離れて中東や北欧に移り住み、最終的にホモサピエンスの4倍も長く生存し続けた。

絶滅したのは3万年前で、ネアンデルタール人の最後の共同体はジブラルタルにあったといわれている。

つまり、現生人類とネアンデルタール人は少なくとも1万2,000年のあいだは共存していたということだ。

ネアンデルタール人がなぜ絶滅したのかは、誰にもわかっていない。現生人類に打ち負かされたのか？ それとも、最終氷期に適応できなかったのか？

ヨーロッパ最古の装飾品として知られる（貝殻でできた）工芸作品は、ネアンデルタール人の手によるものだ。いまや一部の研究者たちは、現生人類が宗教儀式も文化さえも（共存した120世紀間に）ネアンデルタール人から学んだ可能性もあると見ている。

しかし、もっとも驚愕すべき事実がネアンデルタール人のゲノム情報解析から明らかになった。それは、ネアンデルタール人と現代人の祖先が交雑していたということ。

　というわけで、**純粋なブラックアフリカ人でないかぎり、われわれの体の1 ～ 4%はネアンデルタール人**ということになる。

ネアンデルタール人の復元模型

人間のどの部分が
いちばん速く進化するか?

いちばん大事な臓器、心臓では?

鼻である。

かつては、人間の感覚器官がどのように進化してきたかを知るのは不可能とされていた。人体の柔らかい部分は化石記録として残らないからだ。

ところが、コーネル大学で行われた遺伝子分析の結果から、自称「匂いの科学者」または「感覚心理学者」のエイヴリー・ギルバート博士は1つの確信を持つようになった。——鼻こそが、最速の進化をとげる器官である、と。

哺乳類の遺伝子の最大の単一集合体は、嗅覚をつかさどるものだ。ゲノム研究により、われわれ人間の嗅覚が、人間にもっとも近い現存生物、すなわち類人猿（ゴリラやチンパンジーなど）の嗅覚よりも、はるかに急速に変化したことが明らかになっている。

つまり、われわれは昔ほど頻繁に鼻をクンクンさせて匂いを嗅ぐことはなくなったが、食べ物を咀嚼しつつ、のどの奥から鼻へと芳香を送り込み、香りとともに食べ物を味わうようになったということだ。

これは（鼻孔からの嗅覚と対比して）「鼻後方の嗅覚」として知られている。こうした**嗅覚によって食べ物を賞味する能力は、人間特有**のものだ。

「人間の鼻は、口の役割を担うべく進化した」とはギルバート博

士の言。

　2つの出来事が、この進化に関わったかもしれない。
　1つは、火を使って調理すること。火は、180万年前にわれわれの祖先
ホモ・エレクトゥスによって発見され、あぶり焼きされた肉やカラメル
色に煮詰めた果実の絶妙な匂いが生まれた。
　もう1つは、およそ1万5,000年前に、農耕に一歩先んじて、動物の家
畜化が始まったこと。これによって、まったく新しい豊富な種類の風味
（ヨーグルト、牛乳、チーズ、パン、トーストなど）がもたらされ、さらに、
犬を飼い馴らすことによって、極めて鋭い嗅覚をもつ身近なパートナー
を得ることになった。

　ある理論によると、異臭のもとを突き止めるという鼻の実用的な機能
を、われわれの祖先はすべて犬に任せることにして、自分たちはひたす
ら料理中の鍋からただよう、うまそうな匂いに意識を集中させることが
できたとも考えられるという。
　いずれにしても、たき火を囲んで食事をともにするという行為が人類
の文化を様変わりさせたのは間違いない。こうした**味覚の共有によ
り、人間は文明化への道をたどっていった。**

　人間のゲノム情報解析が進むにつれ、鼻の他にもいろいろな器官が進
化していることがわかってきた。
　毛髪はだんだん細くなり、聴覚については（言語の発達の結果だろうが）
チンパンジーに比べて格段に鋭くなっている。

　さらに驚くべきことに、ヒトを雄に決定づけるＹ染色体が縮んでい
るということも判明した。

過去3億年のあいだに、人類のY染色体はもともとあった1,438個の遺伝子のうち1,393個も消失しているというのだ。

　遺伝学者スティーブ・ジョーンズは、この結果の1つとして、現在のところ**男性より女性のほうが遺伝学的にチンパンジーに近くなった**と指摘している。

　その理由は、女性が持っている2本のX染色体のほうがはるかにゆるやかに変化しているからとのこと。

　もはや**人間の進化は止まった**というのが一般的な考え方だ。

　科学技術の発達にともなって、自然淘汰を活発化させる環境からの外圧にわれわれ人間がほとんど影響を受けなくなっているということのようだ。

　ところが、最新のゲノム研究によって、人類における進化的変化の割合は、自然界の他の生物に認められる進化的変化の割合とほぼ同じであることが明らかになった

　そのよい実例が、成人男女に見られる「ラクトース（乳糖）不耐症」、つまり乳糖を消化する酵素が不足しているために、牛乳を飲むと腹痛を起こす症状だ。

　これは世界の一部の地域だけで発生している症状であり、その原因は、わずか**5,000年前に起きた1個の遺伝子変異にある**といわれている。

人体に含まれる金属のうち、いちばん多いのは？

鉄分だろうか？

　カルシウムである。チョークの原料や牛乳の成分としてよく知られるカルシウムが金属だなどとは思いもよらないことだろう。しかし純粋状態の**カルシウムは、アルミニウムと同じくらい銀色に輝く物質**だ。

　平均的な人間の体内には約1キログラムのカルシウムがあり、その99％は骨に含まれている。火葬された後に残る遺灰の3分の1は、カルシウムである。

　他の1％は、われわれの生命維持活動に不可欠な血中成分である。

　カルシウムには、われわれが摂取する食物の酸を中和し、体内の細胞分裂を制御し、ホルモンの分泌をうながし、さらに──重要な機能として──筋肉の収縮と神経インパルスの伝達をつかさどる働きがある。カルシウムがなければ、われわれの心筋は血液を送り出すことができないのだ。

　骨に含まれるカルシウムは、1年間に約20％が新しいものと入れ替わる。この機能は加齢とともに低下し、50歳の人は毎年、骨内のカルシウムの1％を失うのが普通だ。

　80歳と30歳を比べると、前者の骨内カルシウムは後者のそれより70％少ない場合もあるといわれている。年配者の骨がもろいのは、このためだ。

ところで、「元素のほとんどすべてが金属だ」と言われたら、びっくりするのではないだろうか。

金属は、単純に「電気と熱を伝導する物質」と定義されている。現在確認されている118個の元素のうち、非金属は18個だけである。

カルシウムは、地殻の中に5番目に豊富に存在する元素であり、3番目に豊富に存在する金属であるが、けっして純粋状態で発見されることはない。

イギリスの化学者ハンフリー・デービーによって、カルシウムがはじめて分離されたのは1808年だった。同年、デービーはナトリウム元素とカリウム元素（この2元素も金属）も発見している。

石灰岩、大理石、白亜（白色の石灰岩）、珊瑚、真珠、電気ポットの内側にたまる水垢、魚の眼にあるレンズ、胃腸薬もすべて炭酸カルシウムでできている。

石灰岩は、小型の海洋生物の殻が堆積してできたもので、地球上の堆積岩のおよそ10％を占めている。

珊瑚は、「アラゴナイト（霰石）」と呼ばれる結晶構造を持つ炭酸カルシウムで形成され、この惑星の約200万平方キロメートル（グリーンランドとほぼ同じ面積）をおおっている。

また、レンガの接着剤として使われるモルタルは、砂と水と石灰（酸化カルシウム）を練り混ぜてつくられる建築材料で、使われはじめて少なくとも7,000年はたっている。

チョコレートを食べると
ニキビができる？

美容のためにガマンしている人も多そう。

　答えはノー。そもそも**なにかを食べたせいでニキビができると**
いうことはない。

　ニキビは10代の若者たちの96％以上が——思春期から成人期までの
どこかで——かならず一度は経験する皮膚疾患。いわば、青春のシンボ
ルだ。

　人間の体毛は1本ずつ、皮膚にある「毛包」と呼ばれる個別の袋の中
で成長する。それぞれの毛包に養分を与えるのは、「皮脂」と呼ばれる
油性物質を分泌する1本の腺。
　そして、毛包のすぐ横には別の腺があり、それが汗を皮膚の表面まで
運び上げて、小さな毛穴から外に出している。
　思春期には、男女ともにテストステロン（訳注：男性ホルモンの一種）
の分泌が増加し、それにともなって皮脂の大量発生が起きる。
　毛包からあふれ出た皮脂がすぐ横の（汗腺の出口である）毛穴に入り
込み、しまいには毛穴をふさぐほど皮脂が溜まって細菌を発生させ、そ
の結果、皮膚に吹き出物ができる。
　医学用語では「尋常性痤瘡」、一般的にはニキビと呼ばれるものだ。
女子よりも男子のほうがテストステロンの分泌が多いため、男子のニキ
ビのほうが重症化しやすい。

というわけで、**ニキビの原因はチョコレートではなく、テスト**
ステロンにあるのだ。それでも、食べ物も1つの要因には違いないし、
また、食べると絶対にニキビがひどくなるものもある。

　1981年、カナダのトロント大学教授デヴィッド・ジェンキンスは、炭
水化物が血糖値に与える影響を計測した。

　その結果、でんぷん質の食べ物（白い食パンやシリアルやジャガイモな
ど）は血糖値を劇的に上昇させるが、砂糖の多い食べ物は血糖値にさほ
ど影響しないことが明らかになった。

　でんぷん質のほうが（糖質より）単純な化学構造を持ち、そのため消
化器系でグルコース（訳注：血液中を循環している血糖で、ぶどう糖とも呼
ばれる）に分解されやすいといわれている。

　グルコースは、体内でもっとも吸収されやすい糖である。つまり、タ
ンパク質、脂肪、そして（でんぷん質より）複雑な化学構造を持つ糖分
（チョコレートなどの）のほうが、吸収されにくいということだ。

　この結果をもとに、ジェンキンスは「グルセミック指数（GI）」を考
案した。

　GI値の高い食品、すなわち血糖値をもっとも上げる食品には、血糖
（グルコース）の吸収を抑制するホルモン「インシュリン」の急激な分泌
をうながす作用がある。

　インシュリンじたいはテストステロンによって制御され、なおかつ、
酪農食品はテストステロン分泌をうながすと考えられている。

　だから結局のところ、砂糖よりもむしろ朝食の（ホルモン分泌を促進す
るダブル効果を持つ）**シリアルと牛乳のほうが、ニキビを悪化させ**
る可能性があるということになる。

ところで、大好きな板チョコをほおばっていると、幸福ホルモンとも呼ばれる「エンドルフィン」が放出され、その結果、痛みが和らぎ、ストレスが減り、さらには心臓病やがんを発症するリスクが低下する。

　ところが、純粋なカカオに同じような効果はないといわれている。

　単純に化学成分が揃っていればいいというわけではなく、人間は味や食感や、そして胸をときめかせる思い出が、健康的な生活のために必要なようだ。

　2007年に「マインド・ラボ」という研究機関が出した報告によると、ダークチョコレートをひとかけら食べると鼓動が速くなり、情熱的なキスをしたときよりもずっと長く、その**ときめきの瞬間が持続する**と感じる人たちがいたという。

　ちなみに、特に女性の被験者が多くそう感じたらしい。

砂糖の入った飲み物は
人を異常に興奮させる?

こう言って、よくお母さんにジュースを禁止されました。

異常に神経を尖_{とが}らせるのは親たちであって、子どもたちではない。

砂糖の入った飲み物やスイーツやスナック菓子を与えられると「異常に活発になる」などという科学的証拠はなにひとつない。

あるテストで、グループの子どもたち全員に同じ種類の砂糖の多い飲み物が与えられた。しかし、被験者の半数の親たちは、わが子は無糖の飲み物をもらったと告げられた。

しばらくして質問されると、その(実際には子どもたちは砂糖を摂取したのに、まったく摂取していないと思った)親たちのほうが、他の半数の親たちよりもはるかに多く「(自分の子に)異常なほど活発な行動は見られなかった」と回答したという。

別の調査では、何人かの子どもたちが砂糖を多く含む食事をとり続けるあいだ、他の何人かは砂糖抜きの食事をとり続けた。

結果は、この両者の行動になんの違いも見られないというものだった。

砂糖はまったく関係がない

2008年にイギリスの医学誌『ブリティッシュ・メディカル・ジャーナル』が発表した報告によると、すでに注意欠陥・多動性障害（ADHD）と診断されていた子どもたちの場合でさえ同じ結果が出たという。

結局は、親たちが砂糖には「多動」または「過活動」を引き起こす作用があると思い込んでいるために、そう見えてしまうだけのことだった。

こうした現象が始まったのは、1973年、アメリカのアレルギー研究の専門家ベンジャミン・ファインゴールドが、子どもの多動と彼らが食べるものとの関係があるとして、多動を予防するための食生活を提唱してからだ。

彼は、あらゆる人工着色料や合成香料などの添加物を排除した食事を提案。

「ファインゴールド式食事療法」は砂糖を禁じていなかったにもかかわらず、医療の現場で徐々に多動と食生活との関連が受け入れられるにつれて、なぜか一般庶民のあいだで砂糖と「甘味料」が混同されるようになってしまったようだ

砂糖が子どもたちの行動に影響を与えるとすれば、それはどういう原理で起きるのか。今のところ、これを理路整然と解き明かした人はどこにもいない。

もし血糖値の上昇が原因なら、むしろ茶碗1杯の白ごはんやフライドポテトを食べたあとのほうが、子どもたちの行動は過激になるはずだ。

過去いつの時代も、若者たちの問題行動は食べ物による影響だと考えられてきた。

16世紀の植物学者ジョン・ジェラードは、チャービル（訳注：セリ科

の1年草。パセリに似た野草で、フランス料理などに使われる）には「ある独特な効能があり、これを食すと性欲がかき立てられる」と警告した。

　仏教の僧侶たちは、昔から玉ねぎの類（たぐ）いはいっさい食べることを禁じられているという。

　その理由は地域によってさまざまだが、アジアの一部では、加熱調理された玉ねぎには性欲を増大させる効果があり、生の玉ねぎには怒りの感情を起こさせる作用があるといわれている。

　19世紀のビクトリア朝時代の人々は「アイルランド人の『堕落と怠惰』がジャガイモ（にあると思われていた）の催眠効果によって引き起こされている」と断じた。

　対照的に、イングランドの女性たちの場合は、肉をいっさい食べないようにと教えられていた。このような「刺激物」には、月経異常、女子色情症、精神異常などを起こす危険性があると考えられていたのである。

水は1日何杯飲むべきか？

美容とダイエットのために必要と言われるけれど。

　1日に水を2リットル（コップに約8杯分）飲めという説があるが……？ **実は8杯は多過ぎる。**

　人間は毎日ひっきりなしに水分を失っている。排泄し、汗をかき、そして単に呼吸をするだけでも体内の水分は奪われている。だから、脱水症を起こさないために水分補給は適宜行われなければならない。とはいえ、1日にコップ8杯もの水を飲むべきだというアドバイスは明らかに間違っている。

　1945年の『ブリティッシュ・メディカル・ジャーナル』誌に掲載された記事に、「成人は毎日2.5リットルの水分をとるべきだ」とのアドバイスがあった。しかし、これには続きがあって、**「この水分量のほとんどは、調理された食べ物に含まれている」** とも書かれていた。このときから60年以上たった今でも、この重要な結びの文言は見落とされたままだ。

　いずれにしても、通常の食事で十分な水分がとれるので、（理論的には）わざわざ水やその他の飲み物を飲む必要はまったくないのである。むしろ、普通に食べて飲んだうえに水を大量に飲んだりしたら、それだけおしっこが出る。

　「水を飲むと体内が浄化され、シミのない肌を保つことができる」とは、よくいわれることだが、まともな証拠が示されたことはない。もしかす

ると腎臓は、過剰な塩分を短時間に取り除きやすくなるかもしれないが、たとえばポテトチップスを食べ過ぎたりアルコールを飲み過ぎたりしたのでないかぎり、大量の水を飲んでも特にいいことはないのだ。もちろん慢性的な脱水症によって、肌が潤いも弾力も失ってしまうことはある。しかし、**余分に水を飲んだからといってしわが消えることはないし、シミやクスミのできにくい肌になるわけでもない。**

　脱水症の治療には、水以外のものも必要だ。失われた糖分や塩分なども補わなければならないので、たとえばスイカを食べてみるのもいい。スイカには、カルシウム・マグネシウム・カリウム・ナトリウムの他に、豊富な糖分も含まれている。パパイヤやココナッツやキュウリやセロリを食べるのもいいだろう。

　塩分と糖分が不足すると、体中にまんべんなく水分が行きわたらなくなる。それでもスイカみたいなものを大量に食べたら水太りすると思うなら、水に溶かして経口補水液をつくる粉末を薬局で買うこともできる。こういう粉末にもグルコースと塩が含まれているから脱水症のときに便利だ。ただし、これを使うにもやはり十分な水を調達しなければならない。というわけで、結局はスイカに勝るものはないということになる。なにしろ、92％が水なのだから。

　ところで、水分のとり過ぎも命取りになる場合があるのをご存じだろうか？

　体内の塩分濃度が異常に低下したときに引き起こされる「低ナトリウム血症」だ。余剰水分が血液から他の細胞に排出されると、その細胞は膨張して破裂する。その結果、吐き気や頭痛さらに見当識障害が起き、やがて死亡することもあるのだ。

サウナはデトックス効果があるか？

体内の悪いものが出ていくイメージはある。

サウナにはさまざまな効用がある……けれど、**「体内の毒素を汗と一緒に流し出す」という効用はない。**

汗の99％は水であり、あとはほんの少しの塩と他のミネラルだ。汗の果たす役割は、あくまでも皮膚から水分を蒸発させて体を冷却することであって、体内の老廃物を取り除くことではない。体内の有害物質を処理し、なんらかの有用な物質に変えるとか、排泄物として体外に出す準備を整えるのは、肝臓と腎臓の働きである。

また、サウナに入ったからといってかならずしも**2日酔いが治るわけでもない。**サウナの中に15分いると、だいたい1.5リットルの汗が出る。それを補うだけの大量の水を飲まないかぎり、脱水状態になるということだ。脱水症を起こすと腎臓に負担がかかり、体内からアルコール分を取り除く機能が低下してしまう。

サウナは、皮膚の毛穴を開いて肌を清潔にする。温度70℃、湿度40％のサウナに15分間入っていると、体表温度が10℃、体内温度は3℃上がるといわれる。こうした体温の上昇により皮膚への血流が増え、肺が活発化して酸素を最大20％多く取り入れるようになる。だから、とりわけ持久力を要するスポーツの選手たちはトレーニングの一環としてサウナを使うことが多い。

サウナのあとに冷水シャワーを浴びると、脳内に快感ホルモンのエンドルフィンが放出されるともいわれ、軽度のうつ病治療に活用されることもある。

さらにロンドンにある血栓症研究所の調査によって、サウナと冷水の組み合わせには免疫システムを強化する効果があると判明した。サウナのあとに冷水を浴びると、病気と闘う白血球数が増加するというのだ。

この他にも、サウナには関節炎の痛みを軽減するなどの効用もあり、フィンランド人にとっては、風邪の治療法としてなによりも信頼できるものとなっている。

「サウナ」はフィンランド語だが、サウナというアイデアが生まれたのは大昔のことだ。

紀元前5世紀に古代ギリシヤの歴史家ヘロドトスによって書かれた記録によると、イランからの遊牧民族スキタイ人たちは小さなテントを立て、その中で**熱い石に大麻をのせて燃やし、皆でハイになると同時に体を清めていた**そうだ。

一方、北米先住民のアパッチ族は、はるか昔から「汗かき小屋」を愛用している。これは柳の枝と皮や布地でできた小屋で、中には熱した石が置いてあり、それを取り囲んで男たちが全裸で座るというものだ。ときどき石に水をかけて蒸気を出し、体と魂の両方を清めるという。

フィンランド人にとってのサウナは、家族が集まる大切な場所であると同時に、妊婦にとっては出産する場所、死者にとっては埋葬の前に洗い清められる場所でもあった。

かの地には、どこの家のサウナにも妖精が1人ずつ住んでいるという言い伝えがある。

心臓が止まったときの
最善の応急処置は？

「もしも」のときに覚えておきたい。

AEDを使うことではない。

これに異論があるとしたら、おそらく医療ドラマの見過ぎだろう。

電気が使われるのは、心臓の拍動のリズムが不規則になった場合のみである。心臓が完全に停止したときに、**心拍を再開させる試みとして用いられるのは、アドレナリンやその他の薬剤を投与する静脈注射**だ。こうした心肺停止からの蘇生率は2％に満たない。

不整脈には、主な病態として2つある。
（1）拍動が異常に速い頻脈で、「心室頻拍」と呼ばれるもの。
（2）心筋が無秩序に収縮または痙攣している状態で、「心室細動」と呼ばれるもの。

この2種類の不整脈はたいていの場合、心臓発作の結果として起きる。心臓発作または心筋梗塞は、なんらかの原因で心筋への血液の供給が止まったときに起きる発作だ。

脳への血流があまりにも不規則になると、患者は意識を失い呼吸が停止する。このとき心臓発作は、ただちに医学的処置を必要とする「心不全」または「心停止」に移行する。

脳障害が始まるのは、血流が止まってから4分後だ。

この段階で用いられるのが、電気ショックすなわちAED（自動体外式除細動器）である。心筋を刺激して、規則的なリズムの収縮に戻すため

だ。

　心不全を起こしてから3〜5分以内にこうした処置が行われた場合、正常な脈拍数に回復する確率は74％、生存率は約30％といわれている。

　AEDが最初に人体に使用されたのは1947年、アメリカの心臓外科医クロード・ベックが術中の心停止に対して開胸心臓マッサージと合わせて直接心筋への除細動を実施したときだった。

　突然の心停止は、現在でも西洋世界でもっとも多い死因であり、イギリスでは毎年、7万人以上が急性心停止で死亡している。

　AEDをすぐに使えない場合、心停止患者の生存率は著しく低下し、およそ25人に1人しか助からないといわれている。

　それでも、ただちに手を使った蘇生法を適切に実施すれば、AEDが見つかるまで患者の血流を保つことができ、結果的に多くの人命が救われるだろう。

　患者の胸部を両手でリズミカルに圧迫することによって血液の循環をうながす心臓マッサージは「胸骨圧迫」とも呼ばれる（マウス・ツー・マウス人工呼吸法は、胸骨圧迫に比べて効果があまりないと考えられている）。

　規則正しいリズムで圧迫し続けることが肝心なので、長いあいだ、こうした応急処置を行う人々は、**『Nelly the Elephant（象のネリー）』という童謡を口ずさみながら実施するように指導されていた**という。

　今では、もっと速いリズムの圧迫が求められるようになり、おすすめの歌は1分間に103拍あるビージーズのヒット曲『Stayin' Alive（ステイン・アライブ）』となっている。

　この心肺蘇生法の訓練で現在も使われているマネキン（名前は「レス

キュー・アニー」または「レサシアン」))の顔は、1900年にセーヌ川から遺体で引き揚げられた身元不明の少女を模している。

　検死の結果、この少女は自殺したと判断されたが、その顔を死体安置所で見た病理学者が美貌に圧倒され、石膏のデスマスクをつくるよう指示したという。

　その後、悲劇の主人公として一躍有名になったこの美少女は、この時代の多くの作家、芸術家、写真家にとって理想的な作品モデルになった。

　1958年、（この少女の顔を模して）ピーター・セイファーとアズムント・レーダルがレスキュー・アニーを製作したとき、2人は彼女が史上もっとも多くキスされることになる女性とは夢にも思わなかったそうだ。

今でも多くのマネキンのモデルになっている

生きている人は心臓移植の
ドナーになれない？

医学の進歩がもたらした驚異の技術。

　驚くべきことに、生きている人間が心臓を誰かに提供して、さらに生き延びることは可能だ。ただし、その人は代わりの心臓を1つもらわなければならない。

　こうしたことが実行されるのは、たとえば重い肺疾患にかかっているが正常に機能する心臓を持っている人が、心肺移植を受けたら生存率が高まると判断された場合などだ。

　この患者は、誰かの肺と心臓を移植してもらう代わりに、心臓移植のみを必要とする誰かに自分の心臓を提供することができる。

　1987年、心臓外科医マグディ・ヤコブはイギリスではじめて、このいわゆる「ドミノ移植」を成し遂げた人物。2人の患者の名前は、当人の希望により公表されていない。

　その数カ月後には、囊胞性線維症を患うクリントン・ハウスという男性が、合衆国初の生体心臓移植ドナーになった。

　彼は自分の心臓をジョン・カウチという人物に提供し、彼自身は自動車事故の身元不明の犠牲者から心臓と肺を移植された。

　世界初の生体臓器移植が成功したのは1954年。

　合衆国のボストンで行われた、一卵性双生児の兄弟間での腎臓移植だった。

この手術を受けるまで、レシピエント（移植を受けた側）の腎臓は両方とも機能不全を起こしていたという。

ドナーのほうは、健康な2つの腎臓のうち片方を提供したのだが、術後もなんの支障もなく生活できた。

理論的には、**人は腎臓が1つあれば生きていけるし、同じく、肺が1つでも、肝臓の左右葉の片方でも、すい臓や腸の一部だけでも問題ない。**

なかでも肝臓はおもしろい臓器で、一部を切除されても再び元の大きさになるまで成長するという。

1896年、イギリスの外科医スティーヴン・パジェットは心臓手術に関する教科書を執筆し、その中で、人間の心臓手術はあまりにも困難かつ危険であり、今後も変わることはないだろうと予測した。

ところが同じ年のうちに、ドイツの外科医ルートヴィッヒ・レーンが、ある若者の心臓の左心室修復手術に成功。

その青年は、胸部を刺され瀕死（ひんし）の状態で、この世界初の心臓手術によって一命を取り留めた。

だが、レーン医師はその後二度と心臓手術を行わなかったという。

戦時中でさえ、兵士たちの心臓内に達した爆弾破片はそのまま残しておくのが従来の外科的判断であったし、第2次世界大戦までは、いかなる状況でも心臓にはメスを入れないというのが一般的な考え方だった。

事態が急速に改善されたのは、戦後になってからだ。

南アフリカの外科医クリスチャン・バーナードが世界初の心臓移植手術を地元ケープタウンで成功させたのは、1967年。

術後、患者は18日間しか生きられなかったが、現在では、心臓の移植を受けた患者の3分の2が5年以上の余命を得ている。

最長記録は、トニー・ヒューズマンというアメリカのオハイオ州でスポーツ用品販売店を経営していた男性。彼は移植された心臓とともに31年間生き続け、2009年、51歳のときにがんで亡くなった。

　こうした医療の進歩がきっかけとなって、イギリスでは「死」の法的な定義が変化した。1970年代までは心拍停止が死亡の判定基準だったが、最終的に**「脳機能の消失」をもって死と判断する**ことが決まった。これによって、こんにちの外科医たちはドナーの心臓が止まる前に、移植のための摘出手術を行えるようになったのである。

鼻血が出たらどうする？

鼻をつまんで上を向く？

頭を上に向けてはいけない！

　鼻血が出たときに上を向くと、血液が逆流してのどに入ってしまうこともあるからだ。血液を飲み込んだら、胃が刺激されて吐き気や嘔吐を起こしかねない。さらには、血液が気道に入って肺に達したら、窒息してしまうこともありえる。

　いちばん正しい対処法は、背中をまっすぐにして腰かけ、頭をやや下に向けること。

　頭の高さを心臓より上の位置に保っておけば、出血は徐々に減っていくし、下を向くことで鼻からの逆流を防げるからだ。

　『ブリティッシュ・メディカル・ジャーナル』誌によると、**親指と人差し指で小鼻の柔らかいところを押さえる**と、たいていの場合は5〜10分で止血できるという。

　外からの圧力で血液が固まりやすくなるからとのこと。また、冷湿布やアイスパックを鼻のつけ根に当てるのも効果的。

　それでも出血が20分以上続いたり、そもそも鼻血の原因が頭部の強打だったりしたら、すぐに医師の診察を受けたほうがいい。

　鼻血は、医学的には「鼻出血」と呼ばれる症状。

　もっとも一般的な原因は、顔面にパンチを食らうこと。もう1つは、

鼻をほじることだ。この2つに次いで多いのは、鼻の中に網状に張りめぐらされた細い血管が、気圧や気温の急激な変化で切れてしまうこと。

こうした気圧や気温の変化は、寒冷気候や屋内の集中暖房によって引き起こされる場合もあれば、単に鼻のかみ方があまりにも激しくて起きる場合もある。

ほとんどの鼻血が、鼻の前方の部分——鼻骨の下または鼻中隔（訳注：鼻の左右を仕切る壁のような部分）——からの出血だ。この部分は「キーゼルバッハ部位」とも呼ばれ、顔面にある4本の静脈がここでつながっているため傷つきやすくなっている。

名前の由来となったヴィルヘルム・キーゼルバッハは、19世紀ドイツの解剖学者。とりわけ耳鼻咽喉の研究を専門とし、鼻血に特化した教科書『Nasenbluten』（ドイツ語で「鼻血」を意味する）を執筆した。

また、女性ホルモンの1つであるエストロゲンの分泌が女性の月経中に減少すると、血圧が上昇し、そのために鼻腔の血管が膨張して破裂することがある。これは単なる鼻血ではなく、「代償性月経」という名前で知られる気をつけるべき症状だ。

下を向いて止血するのがよい

苦味を感じるのは、舌のどこ?

舌にある「味覚の地図」を見たことがあるかもしれない。

実は、全部。

かつては「舌の地図」または「味覚地図」が全世界の学校で教えられていた。「4つの基本的な味」——甘味・酸味・苦味・塩味——が舌の特定の部分で感じられることを図に示したものである。

しかし、ほとんどすべてが間違いだ。**味蕾（みらい）があるところなら、舌と口蓋（こうがい）のどこでも味のすべてを同じように感じることができる。** しかも、基本の味は4つだけではない。

味覚地図では、舌の先端が甘味を感じ、奥のほうが苦味を感じると示され、同じく、舌先の両サイドでは塩味が、奥の両サイドでは酸味が感じられると図解されていた。

この地図は、もともと1901年に発表されたドイツ人研究者の論文に基づいてつくられたものだが、その論文を、影響力の大きなハーバード大学の心理学者エドウィン・ボーリングが著書の中で誤訳・誤用したために、一般に広まってしまったといわれている。

オリジナルの論文では、人間の舌にはそれぞれの味を比較的強く感じる部分があると述べられていたのに、ボーリング訳では「それぞれの味は、ある部分においてのみ感じられる」となっていたのだ。

ようやく反証が試みられたのは、1974年、アメリカの科学者ヴァージ

ニア・コリングス博士がもともとの理論をあらためて精査したときだった。

彼女は「たしかに舌の場所によって基本的な味を感じる度合いは異なるが、その違いは取るに足りないほどわずかだ」、さらに「舌にあるすべての味蕾がすべての味を感じる」という実験結果も示した。

味覚地図には、もう1つ長いあいだずっと解明されない謎があった。基本的な味は4つしかないという点だ。実際には、少なくとも5つはある。「旨味」は、たとえばベーコン・チーズ・昆布のような、風味のいい食品にあるタンパク質の味である。

これが東京大学の化学教授、池田菊苗によって最初に識別されたのは1908年だったにもかかわらず、**正真正銘の「5番目の味」として正式に認められたのは、それから100年近くたった2000年**、マイアミ大学の研究者チームが人間の舌にタンパク質受容体があることを発見したときだった。

旨味によって脳の快楽中枢は刺激される。たとえば、熟成された芳醇な赤ワインにはたしかに「旨味」がある。対照的に、苦味のある物を口にすると、すぐに「危険な異物が含まれているのではないか」と警戒心が高まるのである。

前述の池田教授は、グルタミン酸ナトリウム（現在はMSGとして知られる）が旨味の必須成分であることを突き止めると、このMSGを主成分とする調味料のレシピを「味の素」に譲渡し、販売をスタートさせた。これが現代につながる「うま味調味料」の原点である。

指の関節をポキポキ
鳴らし続けるとどうなる?

「指が太くなるからやめなさい」と言われたことがある人、多数。

　指の関節を鳴らすクセがある人は、心配しなくていい。関節炎にはならない。最悪の場合でも、力強く握手ができなくなるだけだ。

　こういうことがわかっているのは、医師ドナルド・L・アンガー（アメリカ・カリフォルニア州在住）のおかげである。

　子どものころのアンガーは、母親に何度となく「指をポキポキ鳴らすのをやめないと、関節炎になってしまう」と注意されていた。

　そこである日、左手の指の関節だけ毎日ポキポキ鳴らし、右手の指はなにもしないという実験に乗り出した。

　これを60年以上も続けた結果、「指の関節鳴らし」によって深刻な問題はなにも引き起こされないことが判明。

　実験完了に際し、アンガーは天を仰いで、「母さん、聞こえるかい？母さんの言っていたことは間違いだったよ」と叫んだという。

　アンガー医師は2009年にイグノーベル医学賞を受賞した。イグノーベル賞は、かのノーベル賞のパロディとして1991年に始まり、信じがたいほど「風変わりな研究」——まず人々を笑わせ、その後で深く考えさせる研究——を称えて贈られるようになった賞だ。

　とはいえ、指をポキポキ鳴らすことがまったく無害というわけではない。

　関節がはれたり、靱帯が炎症を起こしたりすることもあるし、長いあ

いだやり続けていると握力が弱まることもある。

われわれの指の関節は、体内のほとんどの関節と同じように、滑膜関節（かつまく）と呼ばれている。関節の中に滑液（かつえき）という液体があって、骨の摩耗を防ぎ、関節の動きをスムーズにしている。

滑液は、他のほとんどの体液と違って、「流れる」ことはなく、粘性のある濃いジェルのような物質で、卵白に似ている。

1つひとつの関節に滑液で満たされたカプセルが1個あり、そのカプセルは皮膜で密閉されている。

指を鳴らそうと骨と骨を引き離すと、皮膜が伸びる。そのためカプセル内の圧力が下がり、滑液が真空の部分を満たそうと動き出す。そこで発生するのが、二酸化炭素の泡。

この泡がカプセル内ではじける音が、われわれの耳に「ポキポキ」と聞こえているのだ。

ポキッと鳴らした直後に関節をX線撮影したら、二酸化炭素の泡をはっきりと目でとらえることができる。もう一度鳴らそうと思っても、その泡がすっかり消えるまで音は出ない。

同じ関節をくり返し鳴らすことができないのは、そのためだ。

ちなみに関節炎は、動物がはじめて関節でつながった骨格を持ったときからずっと起きている症状だという。**恐竜の足首に関節炎があった**ことを示す証拠も見つかっている。

現在わかっている人類初の関節炎については、紀元前4500年までさかのぼる古代エジプトのミイラによって示されている。

スーッと眠れる方法とは？

睡眠はみんなの大問題。

なにはともあれ、**ヒツジを数えることだけは NG**。

2002年、オックスフォード大学の実験心理学部が、不眠症の患者50名の協力を得て、さまざまな入眠法の効果を調査したところ、伝統的な「ヒツジを数える方法」では寝つくまでに平均より長く時間がかかることが判明した。

もっとも効果的だったのは、浜辺や滝のような平穏な景色を思い浮かべること。なによりもリラックスできて、それぞれが思い描いた風景に深く入り込めるからだという。

入眠のさまたげになるほど気がかりなことがなんであれ、それを払いのけるには、ヒツジを数えることはあまりにも退屈で、人によってはイライラしてしまうというのだ。

さらに、この調査で明らかになったのは、「思考抑制」という方法（脳裏に不安や悩みが浮かんだら、すぐに封じ込めようと意識すること）も効果がないということ。

これは、心理学者たちが**「ホッキョクグマ効果」**と呼ぶ現象が起きるからだという。つまり、**「ホッキョクグマのことを考えるな」と言われると、なぜかホッキョクグマのこと以外考えられなくなる**という現象だ。

ところで、古代ローマ人が推奨した不眠症対策は、ドーマウス（訳注：

<ruby>齧歯目<rt>げっしもく</rt></ruby>ヤマネ科の動物）の**油で足をマッサージしたり、犬の耳アカ を歯に塗りつけたりする**ことだった。

　かのベンジャミン・フランクリンからは、「暑くて寝苦しい夜には、片腕と片脚で上掛けシーツを持ち上げてパタパタと20回はためかせるといい。もっといいのは、**ベッドを2台備える**ことだ。片方のベッドはいつもひんやりしているから」との提案がある。

　もっと最近では、臨床研究によって「<ruby>漸進的筋弛緩法<rt>ぜんしんてききんしかんぽう</rt></ruby>」が安眠にも役立つと考えられている。この方法は、特定の筋肉をできるだけ長く緊張させ続け、痛みを感じたら弛緩させ、その後また緊張させるというくり返しを意識的に行い、最終的に全身をリラックスした状態に導くものだ。「体がほぐれると、心もほぐれる」という発想である。

「TATT（『つねに疲労を感じる』という意味の tired all the time の略）症候群」は、医師の診察を受ける理由として近年もっとも多いものである。

　イギリスでは、5人に1人がなんらかの睡眠障害を訴え、そのうちの3分の1が不眠症を患っているという。

　そして、睡眠不足が原因と考えられる交通事故は全体の4分の1に達するうえに、睡眠不足が長期に改善されない結果、肥満、糖尿病、うつ病、心臓病などを発症するケースもあるといわれている。

　他にもいくつか、睡眠を専門に研究している学者たちが推奨している方法がある。

　その1つが、長時間勤務の途中で「パワーナップ」と呼ばれる数分間の仮眠をとるというもの。これは実際に健康にいいらしいので、睡眠不足に悩む人たちにはぜひ試してほしい。

寝る前にチーズを 食べるとどうなる?

今晩、ぜひ試してみてほしい。

いい夢を見られるという。

2005年、「ブリティッシュ・チーズ・ボード」という英国の（チーズ産業を促進する）団体によって、ある調査が実施された。その目的は、「寝る前にチーズを食べると、睡眠中に悪夢を見る」という悪質な噂を食い止めることだった。

調査の結果は歴然としていた。参加した200名のボランティアは、それぞれ就寝前に20グラムのチーズを食べたが、全体の4分の3以上が「安眠できた」と報告。彼らは悪夢など見なかったという。

ただし、**参加者のほとんどが、ハッキリ夢の内容を覚えていた**とのこと。

興味深いことに、**食べたチーズの種類によってそれぞれ異なる夢を見た**ことも判明した。

チェダー・チーズを食べると、有名人にまつわる夢を見て、レッドレスター・チーズを食べると、子どものころの思い出が夢でよみがえるらしい。

また、ランカシャー・チーズを食べた人たちは仕事がらみの夢を見たというが、チェシャー・チーズを食べた人は誰もいっさい夢を見なかったという。

さらに、同じチーズを食べても、性別によって見る夢は違うらしく、

たとえばスティルトン・チーズを食べた女性たちの80％が、「話をする縫いぐるみ」「菜食主義のワニ」「ラクダと引き換えに人身売買される、ディナーパーティの客」といった奇妙な夢を鮮明に覚えていた。

結論としては、チーズを深夜に軽くつまむのは完全に無害ということだ。

そのうえ、セロトニンという脳内の神経伝達物質を産み出す必須アミノ酸「トリプトファン」を多く含んでいるため、**チーズにはストレスを和らげ安眠をもたらす働きがある**といわれている。

イギリス産チーズの種類は新製品も含めて実に豊富に揃っているが、それでも国民1人当たりのチーズ摂取量では、フランスがイギリスの2倍も多い。そして、そのチーズ好きのフランス人たちも、なんら問題なく快眠できている。

なぜ「ベジタリアン」というのか?

「野菜を食べるから」ではないのか?

野菜（vegetables）を食べるからではないという。

イギリスベジタリアン協会は、こう主張している──「もともと「vegetarian という言葉は vegetable からきたのではなく、ラテン語の "活気あふれる" を意味する "vegetus" に由来している」

オックスフォード英語大辞典（OED）に、「vegetarian」という言葉の使用が最初に記録されたのは1839年であり、その定義は「野菜のみを食べるか、もしくは、おもに野菜を食べて生活する人」であるとの記載がある。

これ以前に、肉食を自制する人々のことはさまざまな名前で呼ばれていた。たとえば「Vegetalists（菜食主義者）」「Phytofagists（植物を食べる人）」「Anti-creophagists（反肉食主義者）」「Vegetans（野菜人）」。

しかし、もっとも多く使われていた呼び名は、紀元前4世紀の古代ギリシアの哲学者にちなんだ **「Pythagoreans（ピタゴラス派）」** である。ピタゴラスは、ソクラテスやプラトンやセネカと同じように、動物を食べるのは非人道的であると考えていた。

現代の菜食主義運動が始まったのは、1807年、イングランドのサルフォードに「聖書クリスチャン教会」が創立されたときだった。創立者は、ウィリアム・カウハード牧師。

この教会の信徒たちが肉食を絶ったのが、菜食主義運動の起源だといわれている。

　サルフォード出身の下院議員ジョセフ・ブラザートンも、そうした信徒の1人だった。そして彼の妻は、1812年に世界初のベジタリアン向け料理本を執筆。

　1817年、牧師率いる信徒集団ははるばるアメリカまで海を渡ると、ペンシルベニア州フィラデルフィアに同じ会派の教会を設立した。この教会が、その後のアメリカにおける菜食主義運動の中核的存在となる。

　一方、増え続けるイングランドの菜食主義者「ピタゴラス派」たちは、ついに彼ら自身を代表する組織が必要であると決断した。

　イギリス南東部にあるラムズゲートに位置する世界初の菜食主義者向け医療施設「ノースウッド・ヴィラ」で会議が開かれ、1847年9月30日、新たに命名されたイギリス・ベジタリアン協会が発足した。

　2年後の1849年までに、協会の月刊会報誌『ベジタリアン・メッセンジャー』の発行部数は5,000部を超えたという。

　発足当初から、「ベジタリアンである」とは何を意味するのか、活発な議論が巻き起こっていた。たとえば、「アルコールやタバコを絶つことも求められるのか？」という問題だ。一部のメンバーには、ベジタリアンは飲酒も喫煙もしてはいけないとの強い信念があった。

　他にも意見の対立があったのだろう。結局、協会は分裂。より包括的なアプローチを目指すロンドンベジタリアン協会が、1888年に新たに設立された。

　そこにはインド独立の父、マハトマ・ガンディーや劇作家ジョージ・バーナード・ショーも加わった。

80年続いた分裂の時代も終わり、2つの協会が再び統合されたのは1969年。

　メンバーの統一見解は、協会の名前「ベジタリアン」が「野菜」ではなく「あふれる活気」を表現しているということだった。

　実は、そうした考え方は正しいかもしれない。ベジタリアンは、まず太りすぎることがほとんどないうえに、コレステロール値も血圧も比較的低めを維持できる。

　また、**肉を食べる人よりも、心臓病、糖尿病、骨粗しょう症、認知症などを患うリスクが低い**といわれている。

　2009年にイギリスで発表された調査結果よると、ベジタリアンの食生活を続けることで、**あらゆる種類のがんを発症するリスクを12％減らせる**という。

歯をコーラに一晩中つけておくと、何が起こる?

「コーラを飲むと歯が溶ける」はもはや都市伝説?

なにも起こらない。**歯が溶けたりはしない。**

　歯が溶けるというのがデタラメだというだけでなく、このデタラメな噂の発信源も判明している。

　1950年、米国コーネル大学のクライブ・マッケイ教授は合衆国下院特別委員会で「コカコーラに含まれる高濃度の砂糖とリン酸は、虫歯の原因になります」と報告した。さらに彼は、自分の証言を少しばかりドラマチックに演出するために、こうつけ加えた。

「グラス1杯のコーラの中に歯を1本入れておいたら、2日後には溶け始めるでしょう」

　そんなことはない。抜けた歯を使って実験すれば、誰にでもわかることだ。100歩譲って、仮にマッケイ教授の言うとおりだったとしても、**コカコーラを2日間ずっと口に含んだままでいる人などどこにもいない。**

　普通の缶入りのソフトドリンクには、だいたい**小さじ7杯分の砂糖**が入っている。だから、たしかに虫歯の原因にはなるだろう。だが虫歯になるとしても徐々に進行するわけで、たった何時間かでどうにかなることはない。

　砂糖を別にすると、炭酸飲料の原料で問題を起こしそうなものといえば、リン酸だろうか。実は、これが入っていないと炭酸はすぐに抜けて

しまうし、ピリッとした爽快な味わいもなくなってしまう。リン酸は、化学肥料や家庭用洗剤の成分としても使われ、造船所では航空母艦の錆（さび）を取るためにも使われている。しかしそれでも、「一晩であなたの歯がダメになる」なんてことはありえない。

　アメリカ総合歯科学会によって2006年に実施された、歯のエナメル質におよぼすソフトドリンクの影響に関する調査の結果、クエン酸（訳注：酸味をもたらす化合物。柑橘類などに多く含まれる）のほうがリン酸よりはるかに有害であることが判明している。だから、くれぐれも柑橘系のジュースは飲み過ぎないように。

　リン酸は、胃酸の分泌を抑え、カルシウムの吸収を減らすことがよくある。つまり、炭酸飲料を多く飲む人はカルシウム欠乏症になり、歯や骨がもろくなる可能性があるということだ（「溶け」はしないが）。

　というわけで、たまにグラス1杯のコーラを飲むくらいなら、なんの問題もなさそうだ。

　もともと、コカコーラは健康飲料として発売された。起源をたどると、19世紀なかばのヨーロッパで絶大な人気があった一種の「強壮剤」に行きつく。これは簡単にいえば、薬草の抽出液を加えたアルコール飲料（ワイン）のことだ。こうしたワインには、よく南米原産のコカの葉が使われていた。ご存じ、コカインの原料として使われる植物である。

　1863年、ローマ教皇レオ13世は、コルシカ島の薬剤師アンジェロ・マリアーニに勲章を授与した。コカの葉をベースにした世界初の滋養強壮ワイン、「ヴィン・マリアーニ」を開発した功績を称えたのだ。何百万ものヨーロッパ人がこの新しい飲み物を楽しみ、愛飲家の中には教皇自身の他にビクトリア女王、発明王トーマス・エジソン、フランスの舞

台女優サラ・ベルナール、フランスの SF 小説家ジュール・ヴェルヌ、ノルウェーの劇作家ヘンリック・イプセンもいたという。

ほどなくこれのアメリカ・バージョンを開発したのは、ジョージア州アトランタ出身の19世紀の薬学者ジョン・スティス・ペンバートン博士。この博士がつくった新種の飲み物、その名も「Pemberton's French Wine Coca＝ペンバートンズ・フレンチ・ワイン・コカ」こそ、コカコーラの前身である。ヨーロッパの著名人たちにならって、アトランタの知識人や科学者も喜んでたしなみ始めたという。

ところが1885年にアトランタとその近郊で禁酒法が施行され、ペンバートン博士はノンアルコールの代用品を開発せざるをえなくなった。

カフェインを多く含むアフリカ産のコーラ・ナッツを材料に加えるなど試行錯誤がくり返され、最終的に現在のコカコーラが誕生したのは翌年のことだった。

コカの葉は今でもコカコーラの風味づけに用いられている。ただし、**コカインの成分はすべて化学的に取り除かれてから投入されている**とのことである。

体全体を黄金でペイントすると どうなる？

考えただけでも苦しくなりそう。

窒息死することはない。

多くの人が、われわれ人間は**「皮膚呼吸をする」**と、なんとなく信じている。そのため、もし皮膚にある毛穴をすべてふさがれたら、一瞬にして体内の酸素が不足して死んでしまうと思っている。

これは、単なる思い込みであって真実ではない。

われわれは鼻と口からしか呼吸していないのだ。毛穴と呼吸はなんの関係もない。もし関係があったら、スキューバダイビングは死に直結する。

とはいえ、誰かの体にくまなく黄金を塗布して、そのまま長時間放置していたら、その人がいずれ絶命することは十分ありえる。ただし、その場合の死因は極度の熱中症だろう。

黄金ペイントで目詰まりした毛穴からは、発汗することができないため、体温が上昇し続けてしまう。われわれの体は、汗をかくことで体温調節をするようにできていて、そうした調節機能を失うと、**非常にゆっくりとだが不快感にあえぎつつ最期を迎える**ことになる。

ジェームズ・ボンド小説の映画化作品『007 ゴールドフィンガー』（1964年）で、全身を黄金に塗られて殺害されたボンドガールを演じたのは、シャーリー・イートンだった。

「撮影中に皮膚呼吸が遮断されて本当に死亡した」との根強い神話が公

開当時からささやかれていたが、これはデマだ。

しかし映画の製作者たちも、観客と同じく、「毛穴をふさいで窒息させる」という殺しのアイデアにだまされていたようだ。

イートンの黄金に輝く肢体が撮影される間、セットのそばに医師が待機していたうえに、あらかじめ彼女の腹部およそ10センチ四方だけはナマ肌のままにしてあった。

――わずかでも「皮膚呼吸」ができるように。

人間の皮膚にはおよそ200万個（6.5平方センチあたり700個）の毛穴があり、それぞれが汗腺として働いている。

皮膚は人体でもっとも大きな器官で、その重さは平均2.7キログラム、表面積は平均1.67メートル。

数多くの毛穴の他にも、たった1インチ（約2.5センチ）四方の皮膚に約4メートルの血管と、1,300個の神経細胞、100個の皮脂腺がある。

また、皮膚の細胞は絶え間なく入れ替わっている。平均寿命をまっとうする人間の場合、**全身をくるむ皮膚を一生のうちに900枚脱ぎ捨てる**という。

ところで、皮膚を通じて呼吸する哺乳類が1種類だけ存在する。

1998年に科学者たちによって再び発見された、有袋目に属する体長12センチほどのネズミに似た生物だ。

もともと生息していた地域名（オーストラリアのクイーンズランド州ジュリア・クリーク）にちなんで「ジュリア・クリーク・ダナート」と呼ばれている。この生き物は、1970年代に絶滅したと考えられていた。

ジュリア・クリーク・ダナートは、珍しいほど未発達の状態で生み落

とされる。

　妊娠期間は、たったの12日。生まれたばかりの子どもは**米粒よりほ
んの少し大きいだけのサイズ**だ。そのため、すぐに肺を使って呼吸
をすることができず、代わりに皮膚を通じて酸素と二酸化炭素の交換を
する。

　研究者たちがこれに気づいたのは、生まれてまもないダナートが呼吸
もせず、そして死にもしない事実にしばらく当惑した末のことだったら
しい。

　体が極めて小さいため、幼いダナートはあまり酸素を必要としないう
えに、母親の袋で保護されているので浸透性のある極薄の皮膚でも生き
ていられる。皮膚からは体内の器官が透けて見えるほどだ。

　しかし生後3週間たつころには、酸素の半分を肺から取り込むように
なり、その後徐々に本来の哺乳類の呼吸法に切り替えていくという。

テストステロンが男性に およぼす影響とは？

攻撃的な男性は「男性ホルモンが過剰」なのでは？

通説に反し、人を好戦的にするのは、あくまでも**テストステロンの欠乏**である……過剰なテストステロンはわれわれをより友好的にするらしい。

テストステロンはもっとも作用の強い男性ホルモンだが、これは女性の体内でも分泌される。ただし、男性に比べると極めて分泌率は低い。男女ともに、テストステロンによって筋肉量が増加し、骨密度が高まり、その結果、骨粗しょう症になりにくくなる。

2009年、スイスのチューリッヒ大学教授アーンスト・フェールは、120名の女性にテストステロン錠剤あるいはプラセボ錠剤（偽薬）のどちらかを与え、ロール・プレイング形式の実験を行った。

ほぼ神話と化したテストステロンの評判の威力はあまりにも強く、このホルモン剤を与えられたと思い込んでいた（が、実際にはプラセボ錠剤を服用した）被験者の全員が、好戦的かつ自己中心的な行動をとり、対照的に、本当に**テストステロンを服用した被験者たちは、より公平な態度を保ち、なおかつ、優れたコミュニケーション能力を示した**という。

テストステロンについては、動物にある攻撃性との関連が明らかなことから、つい最近まで、人間に対しても同じような効果があると考えら

れていた。どうやら、それは事実に反することらしい。

　どちらかというと、（人間にとっては）テストステロンの数値が低いほ
うが気分障害や攻撃傾向の原因になるようだ。

　テストステロンに関する研究は、開始されてからまだ10年ほどしか経
過していないので、その働きの全体像はいまだに解明されていない。

　だが不思議なことに、男の赤ちゃんは生後1カ月もしないうちに、13
歳から19歳にかけて分泌されるテストステロンのほぼ同量を一気に分
泌するということは確認されている。

　そして、およそ生後6カ月ごろまでに、その量はほとんど検知されな
いほどまで減るという。

　2004年、イタリアにあるピサ大学のドナテッラ・マラッツィティとド
メニコ・カナレの両教授は、それぞれ12名ずつの男女で構成されたグ
ループ2つを対象にテストステロン分泌のレベルを測定した。
「ラブ・グループ」と名づけられたほうには、過去6カ月間に恋に落ち
た人々が、「コントロール・グループ」と名づけられたほうには、パー
トナーとの長期にわたる安定した交際をしている人か既婚者、あるいは
独身者が割り振られた。

　測定の結果は、一目瞭然。ラブ・グループの男性12名のほうが、コン
トロール・グループの男性12名よりもテストステロンの分泌レベルが低
く、その一方で、ラブ・グループの女性12名のほうが、コントロール・
グループの女性12名よりも同ホルモンの分泌レベルが高かった。

　両教授は、「新たな恋愛関係の形成期には、両性間にある情緒面の違
いを一時的に取り除くか、あるいは減らすために、こうした明らかにバ
ランスのとれたホルモン分泌が双方に起きるのかもしれない」と推論し
ている。

ホルモンは、体内の器官にある分泌腺から放出される化学物質である。それは血流を使って、その器官とは別のところにある細胞組織へと特定のメッセージを運び、そこになんらかの影響を与えると考えられている。

「オキシトシン」は、母性愛的な絆づくりと関係のあるホルモンである。親しみを込めて、「抱擁物質」と呼ぶ生物学者たちも多い。このホルモンには、**恐怖心・不安感・抑圧感を減らし、親子の絆に加えて、社会的および性的な絆の形成を促進する働き**がある。

　神経経済学者たち（心理学と経済学と神経科学とを結合させ、意思決定がどのようになされるかを研究する人々）は、「インベスター（Investor）」なるゲームに被験者を参加させる形の実験を行った。
　その結果、オキシトシンを鼻の上にスプレーするだけで、一挙にプレイヤー間の信頼度が倍増することが判明したという。

人間のおならの成分は？

くさいのはメタン？

メタン（ガス）はほとんど含まれていない……むしろ、**メタンをまったく含まないおなら**のほうが多い。

人間のおならは、**おもに窒素**でできている。空気中に漂う窒素を吸い込んで、それが溜まったものがおならということだ。

われわれは、1人あたり平均してだいたい1日に1.5リットルのおならを出す。

1日の放屁は、10 ～ 15回。その多くが、睡眠中の「出来事」である。おもな成分は、5種類の無臭ガス。ほとんどの場合、窒素が60％を占め、あとは水素（20％）・二酸化炭素（10％）・酸素（5％）・メタン（4％）だ。こうしたガスの比率は、計算に入れるいくつもの変数で違ってくる。

つまり、われわれの生活スタイルや体調で、おならの成分比率は変わるということ。

たとえば食べ物をガブガブと素早く飲み込む人や、新陳代謝率が高い人のおならは、酸素がより多く含まれる。

また、炭酸飲料をたくさん飲めば、おならの中の二酸化炭素の割合がアップする。

一方、おならを我慢したりすると、水素や酸素のような「（放出すれば）より役立つガス」が腸に再び吸収されることになり、最終的におならの窒素濃度が高まる……という具合だ。

中でも重大な変数は、日ごろわれわれが何を食べるかである。ひとくちに炭水化物または糖質といっても、その種類は実に幅広く、中には人間がきわめて消化しにくい「多糖類」と呼ばれるものもある。

　そのうちの3つ——ラフィノースとスタキオースとベルバスコース——は、胃腸科専門医の間で「腹部膨満の要因」として知られているものだ。

　われわれが腹部膨満、つまり、ガスが溜まって腹部がパンパンに張ってしまう状態になるのは、この3つが、エンドウ豆を除く豆類やキャベツや芽キャベツや全粒の種などに大量に含まれているからなのだ。

　これらの糖類は、胃や小腸の中の酵素でほとんど消化・吸収されることなく結腸まで達する。そうなると、もう地獄である。

　なにしろ、結腸内に生息している何百種ものバクテリアが寄ってたかってこのごちそうにありつこうとするわけだから。

　そうして貪り食いながら、無数のバクテリアたちはさまざまなガスを排出し、人間はガス抜きせざるを得ない状態に追い込まれる。

　しかも、厄介なのは豆類だけではない。小麦、トウモロコシ、ジャガイモなどに含まれるデンプン質（米のデンプン質は例外）は、どれもこれもバクテリアの常食メニューだ。

　そのうえ、果物に含まれる糖質の多くとパンやビールの中のイースト（酵母）菌も同じくバクテリアの大好物。こういうものが合わさって、ガスの量が増えるということだ。

　ちなみに、臭いのもとになるのは、肉、卵、カリフラワーのような硫黄を多く含む食べ物である。

　爆発する可能性のあるガス、すなわち可燃性ガスであるメタンについ

ては、おおかたの予想に反して、**全人類の大半が体内で生成する****ことがまったく不可能なガス**だということが判明している。

　体内で発生するメタンは、「メタン細菌」または「メタン生成菌」と呼ばれる微生物によってつくられる。

　これは菌と名がついているがバクテリアではなく、生物の分類上では、まったく違う系統である。地球上最古の生命形態といわれるアーキア、すなわち「古細菌」の仲間だ。

　このメタン細菌を腸内フローラに含んでいるのは、人類のおよそ3分の1だけだといわれている。なぜそうなのかは誰にもわかっていないが、少なくとも遺伝によって決まることだけは確かなようだ。

　両親ともメタン細菌保有者だった場合、その子どもがメタン生成能力を持って生まれる確率は95％だという。

　最後に、ある仮説を紹介しよう。

　太古の時代に生きたいくつかの民族が、より繊維質の多い野菜類を食べる習慣を持ち、やがてメタン細菌に依拠して食べ物からエネルギーを抽出するようになった。

　ちょうど、ウシやヒツジと同じように（メタンを豊富に生成する**家畜****の出すゲップは、現在では、地球全体から1年に排出される温****室効果ガスの約20％を占める**といわれている）。

　アメリカのアリゾナ州立大学で2009年に行われた調査の結果、メタン生成能力を持つ人々には、そうでない人々よりはるかに、未消化の食物を脂肪に変換して体内に備蓄する能力があるため、肥満になるリスクが高いことがわかった。

　身もふたもない言い方をすれば、太っている人ほどたくさんおならをするということだ。

「史上最速の男」は誰だ？

これまでの記録によればウサイン・ボルトでは？

ウサイン・ボルトではない。……史上最速のスプリンターは、石器時代に生きたオーストラリア人、その名も **「T8」**。

2003年、オーストラリアのクイーンズランド州にあるボンド大学は、ゴールドコーストで出土した化石に人間の足跡があることを発見。

2万年前のものと見られる一連の足跡から歩行分析がなされた結果、何人かの男性のうちの1人――「T8」と呼ばれた――は、時速37キロで走っていたことが判明した。

ウサイン・ボルトは、1秒かそこらのあいだ――たいていスタートから70メートルの地点で――時速42キロをマークしているが、これはあくまでもスパイクシューズをはいて競技用トラックを走った記録だ。

T8の場合は、泥の上を裸足で、しかも加速していたことも（足跡から）わかっている。

T8がどこまで速度を上げたかは不明だが、少なくとも、ボルトより速かったことは確実だ。そのうえ、この時代のオーストラリアに住んでいた15万の人間の中に、T8よりさらに俊足の持ち主がいた可能性もある。

著書『Manthropology（マンソロポロジー）』（man「人間」と anthropology「人類学」を合わせた造語）の中で、オーストラリアの人類学者ピーター・マカリスターは、「現代のトレーニングを受けていたら、**旧石器時代の**

アボリジニたちの走力は時速45キロに達していた**だろう」と推測している。**

　また、当時の狩猟採集民は現代人よりもはるかに高い身体能力を持ち、体格もより頑強だったことが、さまざまな化石記録から明らかだという。

　要するに、先史時代の人間と比べて、現代人は座っていることの多い生活スタイルを続けているため、徐々に**足腰の運動能力を失いつつある**ということだろう。

　だからといって、T8の出現で、ウサイン・ボルトの樹立した記録が色あせるということはない。

　記録開始以来の100メートル走の結果を、すべて1つのグラフに表すと、記録と記録をつなぐラインは滑らかな曲線を描き、その曲線の最終点によって、統計上予測される最高限度タイム（9.45秒）に人間が到達するのは150年後であることが示される。

　過去何年にもわたって、この曲線は記録的なタイムの伸びを正確に予測してきた。ところが、ボルトが2008年と2009年に出した2つの記録——それぞれ9.69秒と9.58秒——は、この予測を上回った。

　この記録は、ボルトと同じくジャマイカ出身の短距離走者アサファ・パウエルが2008年に打ち立てた世界記録を0.14秒差で破ったものだ。

　ちなみに、先ほどのグラフ曲線では、9.69秒というタイムが実現するのは2030年以降であると予測されていた。

　ところで、100メートルを10秒未満で走った最初の現代人は、アメリカの短距離走者ジム・ハインズ。この1968年のメキシコオリンピックでの記録は、それ以来12回破られている。

けれども、100メートル走における**9秒の壁を破るスプリンター**が**現れることはなさそう**だ。

　立った状態でスタートして、それほどの速度に達するまでの肉体的ストレスは、想像もつかないほど大きいからだ。

　ほぼ間違いなく、ランナーの骨にはひびが入り、筋肉と骨を結びつける腱_{けん}も、関節をつなぐ靭帯_{じんたい}も断裂してしまうだろう。

　とはいえ、今後なにが起きるかは誰にもわからない。事実、ボルトは
──そして、おそらくは遠い昔のT8も──100メートルを9秒未満で走ったことがある。

　ボルトがこの記録を出したのは、リレー競技の中間走者として、助走しながらスタートを切ったときだった。

ウサイン・ボルト

死に際の「走馬灯」って本当?

何が見えるのだろう?　スローモーションは本当か?

まさに人生の断片が目の前に現れるらしいのだ。

2006年にアメリカのインディアナ大学が発表した調査結果によると、無意味にも思える心理学的現象は、実は人間にとって重要な「生存メカニズム」の結果であるかもしれないという。

危険に遭遇したとき、消防士や医師のような職種の人たちは、多くの場合、とっさに出した決断に従って行動するといわれている。

危険を回避できたあとで振り返って考えれば、「当たり前の」の行動だったのかもしれないが、その危機一髪の瞬間に脳は、その状況と完全に一致する経験を、脳の中のファイルから捜し出すことに集中するという。われわれには、どうやら自分で思っているよりはるかに詳細に体験を記憶する能力が備わっているらしい。

だから、救助活動中の消防士が崩落寸前のビルにおいて、避難指示を瞬時に発する場合、彼の脳が無意識にいくつかの微細なヒントをつかみとり、過去の業務中に遭遇した状況からベストの行動を導きだしているのである。

この機能は大きな進化論的優位性になる。素早い決断によって、自分の命ばかりか他の人々の命も救われるからだ。

しかし、われわれが一度も経験したことのない状況に直面した場合、たとえば溺れかけたり、飛行機からパラシュートなしで落ちたりした

ら、どうなるのだろう？　現時点での理論では、そうした特殊な事態に
おちいると、記憶にある画像が瞬時に次々と脳裏に浮かび、その1つひ
とつと現実に自分の身に起きていることが照合され、「一致しないケー
ス」として却下されるという。

　そうして、今、直面している危機と一致する選択肢が1つもないとわ
かったとき、脳はあらんかぎりの力を振り絞って検索域を広げ、やがて
堰<ruby>堰<rt>せき</rt></ruby>を切ったように、**あらゆる種類の記憶を一気によみがえらせ
る**。これが、死に際にわれわれの脳裏に——走馬灯のように——浮か
んでくるといわれるものだ。

　1795年に、まさしくこの体験をしたのが、アイルランド出身のイギリ
ス海軍少尉フランシス・ボーフォート卿——かのビューフォート風力階
級（訳注：風力を分類するための尺度）の発明者である。

　25歳のとき、ボーフォート卿はイングランドのポーツマス港であやう
く溺<ruby>溺<rt>でき</rt></ruby>死するところだった。のちに、そのときの心境をこうつづっている。
「最愛の父が受ける衝撃はいかばかりだろうか。——この水難の報が家
族のもとに届いた、その刹<ruby>刹<rt>せつ</rt></ruby>那<ruby>那<rt>な</rt></ruby>に。

　そして、我が家にまつわるありとあらゆる細かな事象が、真っ先に脳
裏に浮かんだことだった。その後、さまざまな事柄へと思いが移り、わ
れらの最後の航海と、その前の船旅、そして船の沈没、学校時代、少年
のころの探求と冒険の日々が次々によみがえってきた。

　こうして古い記憶へと順に旅をするかのように、わが人生に起きたあ
らゆる出来事が、時の流れに逆行するかたちで目の前に現れては消え
た。ここにこうして書き留めているような、単なる概略としてではなく。

　すべての情景に、それぞれの付随的な事柄が余すところなく鮮明に描
き出されていた。

　ひと言でいえば、私という人間が存在した時間がすべて、1つのパノ

ラマとして目の前に映し出されたようだった」

　興味深いことに、こうした現象が英語の他にも世界のいろいろな言語で表されている。

　ペルシャ語、ポルトガル語、イタリア語、ロシア語、ドイツ語、ノルウェー語、ルーマニア語、スペイン語、スウェーデン語、アラビア語、オランダ語、フランス語などすべてに、**「死に際の走馬灯」に相当する表現がある**のだ。

　どうか世界中の人々が健康で長生きできますように――！

「文化」

PART

4

人間の驚くべき営み

黄金比が、名画¿名建築に使われているって本当？

あのモナ・リザも古代ギリシャ神殿も……？

φやπ……。『ダ・ヴィンチ・コード』で世界的に有名なミステリー作家ダン・ブラウンのファンでなくても、この不思議な比率のことを聞いたことがあるだろう。ありとあらゆるところに——人体にも、古代の建築にも、さらに自然界にも——見られるという。

しかしながら、この比率にまつわる主張の多くに誤りがあるというのが真相である。

黄金比（「黄金分割」または「神授比例法」とも呼ばれる）は、たとえば建物の高さ（a）と横幅（b）という2つの数値の比が、次のような単純な式で表せる場合をいう。

$$a+\frac{b}{a} = \frac{a}{b}$$ a=1とすると、b=0.6180339887……

19世紀に、この黄金比は古代ギリシアの大彫刻家ファイディアスにちなんで、「phi（ファイ）——φ」と名づけられた。彼は、これを使って均整のとれた人体を彫刻したと考えられている。

これほど単純な式から、複雑かつ、とらえどころのない数字が導き出されるには理由がある。

ファイ（φ）が、円周率パイ（π）と同じように、整った分数または「比」として書き表せない「無理数」だからだ。小数点以下の桁数が無限である小数のうち数字が循環しないものがある。小数で表記すると、くり返しの起きないものを「無限小数」という（訳注：0.567567567……

は数字がくり返しているが、0.6180339887……はずっと数字のくり返しがない）。

「黄金スパイラル（螺旋）」は、中心点から黄金比にしたがって4分の1回転させながら描く渦巻き状の線だ。

　自然界に存在する黄金比または黄金スパイラルの例として、よく引き合いに出されるのがオウムガイの美しい殻。しかし実際には、**オウムガイの殻の螺旋（らせん）は「対数螺旋」であって、「黄金スパイラル」ではない**。

　1999年、米国の数学者クレメント・ファブロは数百個の貝殻を計測し、螺旋の平均比率をかなり明確に示した。ファブロによると、その比は1：1.33。どう見ても1.618……からほど遠い数字である。

「古代ギリシアの人々は黄金比を知っていて、建築に取り入れていた。その代表例が、アテネのパルテノン神殿だ」とよくいわれるが、実は、**神殿の正面図にも側面図にも「黄金比の長方形」は見られない**。どこから見ても、屋根に空洞部分があったり基底部に石段のない箇所があったりする。

　さて、そこから時が流れること数百年。ある数学者がルネサンス期のイタリアに現れるまで黄金比は忘れ去られていた。数学者の名は、ルカ・

見比べると、形の微妙な違いがわかる

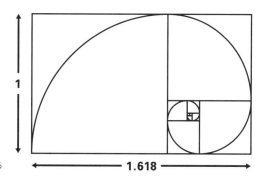

1

1.618

パチョーリ。フランシスコ会の修道士で、レオナルド・ダ・ヴィンチを指導した教師でもある。パチョーリは、著書『神聖比例論』(1509年)の中で黄金比について触れている。しかも、この本にある挿絵はレオナルドの原図によると考えられてもいる。しかし――(ダン・ブラウン著の)『ダ・ヴィンチ・コード』の記述に反して――あの**『モナ・リザ』**も、**有名な1487年のペン画も、レオナルドが黄金比を使わずに描いた**ものだということが明らかになっている。

そのペン画は、古代ローマ時代の建築家ウィトルウィウスにちなんで『ウィトルウィウス的人体図』と呼ばれている。この建築家は、理想的なまでに調和のとれた人体をもとに建築技術を理論化し、「建造物の高さは、人間が腕を広げた長さに等しく、同時に、頭の大きさの8倍でなければならない」と提唱したにすぎない。

つまり、彼が黄金比φを使った痕跡はまったくない。どうやら「ダ・ヴィンチが黄金比を使っていた」というのは後世の人々の思い込みのようだ。

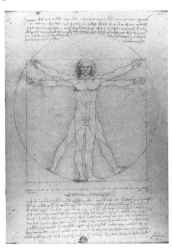

『ウィトルウィウス的人体図』

『モナ・リザ』

クレオパトラはどこの国の人？

エジプト人と習ったはずでは？

ギリシャ人だった。

クレオパトラ（「家柄が名高い」という意味がある）は、アレクサンダー大王の右腕として仕えたプトレマイオス1世（在位紀元前317 〜 283年、マケドニア王国の出身）の直系の子孫である。

紀元前325年の大王の死後、忠誠を尽くしてきたプトレマイオスは後継者として認められ、エジプト統治の任についた。

マケドニア王国では代々、世襲による王位継承者が全権を掌握し、国内には南方に新しく芽生えた思想を見下す風潮があった。

そして紀元前322年、マケドニア人はギリシャの都市国家アテネの民主主義を制圧。プトレマイオスはみずからの地位を固めるべく、紀元前305年にファラオ（エジプト王）として名乗りをあげ、それ以降275年続くことになる王朝を開いた。

プトレマイオス王宮ではギリシャ語が話された。

イギリスのインド植民地支配と同じく、エジプトを占領する外国勢力のような振る舞いだったようだ。プトレマイオス朝の王たちは他のすべてのファラオと同様、ことごとく神格化され、一族としての結束が強かったといわれる。男性の王位継承者はすべてプトレマイオス、女性はクレオパトラかベレニケと呼ばれた。

一族による支配を維持し、臣下や臣民との隔たりを強化するために、

兄弟姉妹が婚姻を結ぶことも多かった。そのため、一族の家系図をたどるのはほとんど不可能になっている。

　つまり、われわれが知るクレオパトラは、正確にはクレオパトラ7世（紀元前69～30年）だが、彼女の母はクレオパトラ5世かもしれないし6世かもしれない。

　現存する彫刻と貨幣から明らかにわかるのは、彼女がシェークスピアに描写されたほど**美女ではなかった**こと。

　だが、プトレマイオス朝の王たちの（何世紀ものあいだくり返された血族結婚の結果である）どんぐり眼の太った顔立ちとは一線を画す容貌の持ち主だったこともはっきりしている。

　そして、厳密にどの親族から生を受けたかは誰にもわからないものの、少なくとも民族的には彼女が純粋なマケドニア系ギリシャ人だったことはたしかだ。

　にもかかわらず、その生涯はエジプトの歴史と同一視されている。

　クレオパトラは18歳でエジプト女王になり、20年以上にわたり国を支配した。

　彼女はエジプト語を習得したプトレマイオス朝初の王として、また、エジプトの民族衣装をまとって肖像画を描かせた王としても知られている。

　その一方で、姉と弟の殺害を計画するなど、みずからの権力を脅かすものを容赦なく排除し、ついにもう1人の弟（であり夫でもあった）プトレマイオス13世をも追放しようと国中を内乱におとしいれた。

　高位の廷臣たちがプトレマイオスの側につくと、すかさずクレオパトラは、当時、共和制ローマの高位政務官「ディクタートル（独裁官）」に選ばれてまもないジュリアス・シーザー（ユリウス・カエサル）を誘惑。

このとき、シーザーは世界でもっとも強力な軍隊を率いる指揮官でもあった。クレオパトラはシーザーとともに、あらゆる反対派を制圧した。

　シーザーが暗殺され、ローマに内乱が起きると、今度は彼の副官マーク（マルクス）・アントニウスを誘惑。こうした動乱の真っただ中でさえ、クレオパトラは暇を見つけては**化粧品に関する本を書きつづっていた**という。

　戦いが終結したのは、オクタウィアヌス（のちのローマ帝国初代皇帝アウグストゥス）率いるローマ軍が、アクティウムの海戦（紀元前31年）でマーク・アントニウスを倒したときだった。

　アントニウスは、クレオパトラが自害したと信じてみずから命を絶ち、その後、クレオパトラも命を絶った（最新の調査によると、**エジプトコブラに自分を咬ませて死んだ史実はまったくない**そうだ）。

　クレオパトラが「最後のファラオ」だった。

　そしてローマ人がエジプトから膨大な量の金を持ち出したため、共和制ローマの元老院は即座に金利を12％から4％に下げることができたといわれている。

クレオパトラ

アメリカやイギリスの公用語は何?

英語に決まっているのでは?

英語を公用語とする国は数多い。

……だが、**イギリス、オーストラリア、アメリカ合衆国はそうした国々に含まれていない。**

公用語とは、その国の法廷や国会や行政機関などのおおやけの場での使用が定められている言語のこと。

イギリス、オーストラリア、そしてアメリカ合衆国の半分以上の地域で、英語は非公式言語である。あらゆる国政業務で英語が使われているが、実は、特定の法律でその使用が規定されたことは一度もないのだ。

2カ国語が使われる国、たとえばカナダ(フランス語と英語)やウェールズ(ウェールズ語と英語)などには、法律で定められた公用語がある。国内法令により、ニュージーランドのマオリ語のような、重要な少数民族の言語が認可されていることも多い。

また、場合によっては公用語が実用性というより文化の象徴として定められることもある。たとえばアイルランドでは、日常的にアイルランド語を使う国民は全体の20%に満たない。

一方、英語が「おおやけに」使われる言語の代わりとして選ばれることもあるが、それが多いのは1つの国でたくさんの母語が話される場合だ。

端的な例が、600万人の国民によって830種類の異なる言語が話されるパプアニューギニアである。

　アメリカでは英語を公用語にしようという運動が起きているが、多くの異民族グループから反対されている。もっとも強い反発を示しているのは、国民の15％以上を占めるヒスパニック系コミュニティだという。

　おそらく、英語圏なのに英語を公用語としていない国でもっとも興味深いのは、オーストラリアだろう。

　ギリシャやイタリアや東南アジアからの多くの移民のほかに、オーストラリアにはマルタ語を母語とする国民が6万5,000人もいる。それに、今でも150種類のアボリジニ言語が話されている。

　こうした先住民の言語は、18世紀には600種類を超えていたというから、現存する150言語のうち、20言語ほどを除くすべてが今後50年に消滅するかもしれない。

　こういう状況で英語を公用語にするなどと宣言しようものなら、各方面から非難が殺到するだろう。

　ちなみに、バチカン市国は、**世界で唯一ラテン語を公用語としている国**である。

英国国会が奴隷制を
違法と認めたのはいつ？

実は、かなり最近で驚きます。

2010年4月6日である。

　大英帝国領のあらゆる植民地で奴隷制度が廃止されたのは、1833年。だが、いくつかの例外が認められたうえに、**本国では奴隷制を違法とする必要はないと考えられていた。**

　『ドゥームズデイ・ブック』（訳注：英国で発行された、土地台帳や家畜・財産などの調査記録）によると、1067年にはイギリスの全人口の10％以上が奴隷だったらしい。

　驚くべきことに、ノルマン人は奴隷制に宗教的理由から反対だったようで、ノルマン朝（1066 ～ 1154）創始後50年もしないうちに奴隷制は事実上消滅している。

　そして奴隷とはやや形態が異なる年季奉公さえめったに見られなくなり、1574年には女王エリザベス1世によって最後の年季奉公人たちが解放された。

　同じころ、イギリスは強力な植民地大国になりつつあり、本国に戻ったイングランド人男性にとって「黒人男性の召使い」を持つのは流行の最先端を行くことだった。こうした召使いは実際には奴隷であり、この反社会的行為は、1772年の判決により違法であると認められた。

　ときの判事マンスフィールド卿はこう宣言したという。

　「イングランド王国の空気は、奴隷が呼吸するには純粋すぎる」

こうして、国内にいた何千人もの奴隷が自由を獲得する。

このとき以降、イングランド王国では（大英帝国の時代は違ったが）コモン・ロー（訳注：12世紀後半から約1世紀間に成立したイングランド王国共通法を基礎にした法体系）にもとづいて、奴隷制度は議論の余地を残しつつも基本的に違法とみなされるようになった。

しかし2009年に「Coroners and Justice Act（検察法）」が可決されるまで、国会で正式に違法と認められることはなかったのだ。

それ以前の国会は、誘拐・不法監禁・性的利用を目的とする人身売買・強制労働などに関する法案を扱ってはいたが、奴隷制度について個別に審議することは一度もなかった。

今は、イギリスにおける奴隷制は法律違反であることと、使用人を「奴隷または年季奉公人として」働かせる者は14年以下の懲役に処せられることが明確に規定されている。

「年季奉公」は「農奴制」の別の言い方だ。一定の土地の区画を割り当てられた農奴は、強制的に（場合によっては永久に）その土地に住まわされ働かされる。奴隷との違いは、私有財産のように直接的な売買がされないことだけ。つまり、年季奉公と奴隷は大差ない労働形態だった。

現在まで、イギリスの法律に明確な規定がなかったために、現代の奴隷主たちを告訴することは困難だった。

なにかを「廃止すること」と、それを「犯罪行為と見なすこと」には違いがある。

世界中で奴隷制度が廃止されたのは何十年も前だが、奴隷所有者を処罰する法律が導入されてはじめて現実的な変化が起きた国は多い。

奴隷制など過去のものだと思う人もいるかもしれないが、実は**世界的に見ると奴隷の数は増えている**。その数は、なんと2,700万人。

　昔、400年もの長きにわたり、大西洋をまたにかけた奴隷貿易が行われた時代があったが、そのころにアフリカから連れ去られた奴隷の合計数より多いのだ。

　そして、移民労働者を実質的に奴隷として使う強制労働や労働搾取が、現在のイギリスには蔓延している。

　1967年施行の「Criminal Justice Act（犯罪法）」のもと、イギリスでは、叱責、盗聴、夜間徘徊、挑発的な言動などを含む、過去に犯罪とみなされていた違法行為がいくつか処罰対象から外された。

　考えてみれば、イングランドが「FIFA ワールドカップ」を制した年（1966年）に、人の話を盗み聞きするのがまだ違法なのに奴隷制は違法ではなかったというのはおかしな話である。

ヨーロッパで、いちばん若くして法的に婚姻が認められる国は？

そもそも神父ばかりのあの国。

世界一小さな国、バチカン市国である。

この国では、**12歳の子どもを相手に合法的に性交渉を持つことができる。**

この奇異な状況にいたった経緯は、バチカンが1929年の「ラテラノ条約」にもとづき、主権国家として（ローマ・カトリック教皇領から独立して）建国されたときまでさかのぼる。

1930年まで、承諾年齢または性的同意年齢——性行為の同意能力があるとみなされる年齢の下限——は、イタリア全土で12歳と規定されていた。

バチカンで今も変わらず12歳という規定なのは、どちらかというとセックスよりも刑法と生死の問題との関連からだ。

イタリア政府は1889年に死刑を廃止したが、ムッソリーニによって1926年に再導入された。

その3年後にバチカン市国が誕生し、法体系を選ばなければならなくなったとき、新政府は極刑に反対の立場をとり、1924年12月31日時点のイタリア現行法を踏襲することを決定した。

このときから一貫して、バチカンは独立した国家として、イタリアの法律とまったく関係のない法整備を続けている。

1930年、イタリアが承諾年齢を12歳から14歳に引き上げたときも、バチカンはそれにならって法改定する必要はないと判断した。

そもそも国民の半数以上が独身主義のカトリック神父であり、**子ども**

はまったく住んでいないのだから、どちらにしても関係がないからだ。

ヨーロッパ以外の国についてはどうかというと、現在、メキシコの一部の地域とアンゴラが承諾年齢を12歳としている。

ほとんどのアラブ諸国で、婚姻外の性行為は違法とみなされるが、12歳未満の子どもたちも結婚することができる。

例外的なのがチュニジアで、この国の承諾年齢は世界でいちばん高い20歳である。北朝鮮には、承諾年齢の規定そのものが存在しない。

イギリスの法律がはじめて承諾年齢を規定したのは、1275年。

当初は、やはり12歳と定められたが、16世紀の魔女信仰に対する過熱した弾圧思想によって、この法規定は混乱におちいった。

承諾年齢未満の子どもとの性行為で告発された男たちは、こぞって**「魔女に呪文をかけられた」**と弁明できたのだ。「魔女」という言葉1つで、罪を免れた男たちは多かったという。

1875年、承諾年齢は13歳に引き上げられ、その10年後には現在の規定年齢である16歳に改定された。

同性愛者の性行為に関する承諾年齢が最初に提案されたのは、1957年。そのとき提出された『ウォルフェンデン報告書』は、21歳を適切な年齢として推奨していたが、それが最終的に認められ法改定がなされたのは10年後の1967年だった。

しかし1994年には18歳に引き下げられ、さらに2001年には再び16歳に下がり、あらゆる人々の承諾年齢が同一の線で区切られた。

1994年提出の法案により、イギリスの立法機関ははじめてレズビアン同士の性行為も法規制問題として取り上げ、その承諾年齢は16歳という決定がなされている。

ミシュランの星をいちばん多く持っている街は？

パリではない。

東京だ。

「ミシュラン」社のホテル・レストラン情報誌『ミシュラン・ガイド』2010年版では、東京にある3つ星レストランは11軒。パリは10軒。

そして、日本の首都は、世界中の他のどの都市よりもミシュランの星を多く獲得している。星の数は、197軒のレストランで合わせて261個——パリより3倍も多い。

こうした状況のいくらかは、スケールの違いによるものだろう。東京のほうが都市の規模が格段に大きく、合計16万軒ものレストランがひしめき合っている。

ちなみに、パリ市内にあるレストランは、たったの4万軒。それでも、国別の順位ではフランスがトップだ。

3つ星レストランの数でいうと、日本が18軒なのに対して、フランスは23軒も獲得している。

東京の11軒の3つ星レストランのうち3軒はフランス料理の店だが、2つ星と1つ星のレストランを合わせた197軒のほとんどが、古式ゆかしい日本料理店であり、その中の2軒はふぐ料理を専門としている。

こうした店では、命取りになるほど有毒な魚も、特別な修業を積んだ料理人の手によって、安全に食べられる食材へと変わる。

日本人ほど、うまい食べ物のことばかり始終考えている国民はいない

かもしれない。とにかく、国内のテレビ局が制作する番組のおよそ半分が、食べ物に関連したものである。

　1889年、フランスのクレルモン＝フェラン出身の兄弟アンドレ＆エドゥアール・ミシュランは、タイヤメーカー「ミシュラン社」を設立。1891年には、世界初の取り外し可能なニューマチック（空気式）ゴム製タイヤを実用化した。

　ミシュラン社はオーヴェルニュ地域（現在は、オーヴェルニュ＝ローヌ＝アルプ地域圏と呼ばれている）に本拠地をおき、タイヤブランドとして世界第2位の売上高を維持している。従業員は10万9,000人以上、年間収益は123億ポンド（約1兆7,000万円）という。

　アンドレが最初に『ミシュラン・ガイド』を発行したのは1900年、フランス国内に車がまだ300台しかなかった時代だ。

　多くの人々を自動車の旅へと誘い出すのが、発行の狙いだった。走る車が増えれば、使うタイヤも増えるという思惑だ。

　というわけで、ドライバーたちに無料で配布されたこのガイドブックは、車でめぐってこそ味わえるフランス各地の魅力が満載だった。

　第1号の誌上には、おすすめのレストランやホテルの他に、万が一のときのタイヤ交換の方法や車の点検・整備業者の所在地などの実用的な情報もあったという。

　1926年、『ミシュラン・ガイド』は星によるランクづけをスタート。

　1つ星は「そのカテゴリーのレストランとして、非常によい店」であり、2つ星は「回り道してでも行く価値のある素晴らしい料理」を、3つ星は「わざわざそれだけを目当てに出かけていく価値のある絶品料理」を供していることを意味する。

ミシュラン調査員は皆、年に240日は外食し、1,000件以上のレポート
を書き、そして、訪れた店ではコース料理を可能なかぎり多くオーダー
してひと口残さず完食しなければならない。また、**匿名性を守るた
めに同じ店を数年間は絶対に再訪しないし、周囲の人々に──
両親にさえも──けっして正体は明かさないらしい。**

　「ミシュランマン」は、ゆうに100歳を超えている長寿マスコットだ。
　本名は「ビバンダム」。
　弟のエドゥアールがいくつも積み上げられたタイヤを見て「人間の胴
体」を思い浮かべたことが、通称ミシュランマン誕生のきっかけだった。
　1898年に制作された最初のポスターで、ミシュランマンはシャンパン
グラスいっぱいの釘やガラスの破片を一気に飲み干そうとしている。
「ミシュランタイヤは障害物を飲み込む」というメッセージを前面に打
ち出したのだ。
　そのポスターに書かれたキャッチフレーズ「ヌンク・エスト・ビバン
ダム!!(さあ、今こそ飲み干すときだ!!)」が名前の由来。

　ところで、現在のミシュランマンには以前ほどの自由奔放さが見られ
ない。1929年に結核が大流行してからは、きっぱりと葉巻も吸わなく
なった。それでも変わらずに、世界中から愛され続けている。

サッカーの発祥国はどこか？

強豪国は数あれど。

イギリスなどではなく、中国である。

イギリスが近代サッカーを確立したと主張する2,000年以上も前から、中国人はサッカーをしていた。

「蹴球（しゅうきゅう）」という意味の「cuju（クジュ）」または「tsu'chu（ツチュ）」は、中国で兵士の体力づくりの訓練としてはじまったが、またたく間に国中の誰もが楽しむ遊戯になったという。

中に動物の毛皮や鳥の羽根を詰めた皮革製のボールを使って、2つのチームが手をいっさい使わずにそれぞれ敵陣の向こうのゴールにボールを蹴り入れて得点するというものだった。

当時のゴールは1枚の絹の布に丸く切り抜かれた穴で、布は2本の竹の支柱の間に吊されていたらしい。

最初に「cuju」が記録されたのは、紀元前5世紀。最盛期は宋朝の時代（西暦960〜1279）で、競技者たちがはじめてプロサッカー選手になったのもこのころだといわれている。

やがて明（みん）の時代（1368〜1644）になると、このスポーツは世間から忘れ去られてしまった。

日本に「cuju」が伝わり、「蹴鞠（けまり）」と呼ばれる新しい遊戯に発展したのは12世紀のこと。四隅に植木がある広場で行われ、8人のプレイヤー

がペアを組んで、できるだけ長くボール（鞠）を地面に落とさないように木に蹴り当て続ける。

一方、「cuju」よりもっと古くからあるのが、オーストラリア西部の先住民族アボリジニの人々によって親しまれた「marngrook＝マーングルック、『ゲーム・ボール』という意味」と呼ばれる遊戯だという説もある。

50人以上のプレイヤーが、フクロネズミの皮でできたボール1個を地面につかないように空中に蹴り上げ続けるゲームだ。「オーストラリアン・ルールズ」（訳注：「オーストラリアン・フットボール」とも呼ばれる球技で、楕円球形のボールを用いて競技される1チーム18人制のフットボール）のロング・キックやハイ・キャッチは、ひょっとすると、このマーングルックから受け継がれてきた伝統の技なのかもしれない。

中世イングランドで行われた蹴球は、あまりにもプレイヤーが多く、ルールが少なく、暴力的なプレイになりがちだったため、何度も禁止処分を食らった。

1314年から1667年にかけて、30を下らない数の法律が制定され、蹴球は違法スポーツと見なされるようになったが、人気が落ちることはなく、すべての階級の国民から支持され続けた。

近代サッカーの原型は、1863年にイングランドで誕生。この年、**蹴球からラグビーとサッカーが分岐**して、史上初のサッカー協会が創立された。

イングランドで制定された1867年ルールによって、現在の国際的なスポーツ競技サッカーの土台が築かれたわけだが、もともとあった暴力的な体質が払拭されるまでには長い年月を要した。

19世紀のあいだは、相手プレイヤーがボールを保持していないときも

ショルダーチャージすることができたし、ボールをキャッチしたキーパーに体当たりしてゴールラインを割って得点することも許されていた。

1863年に提案されたルールの1つに、ボールを保持している相手プレイヤーに対して**「体当たりする、はがい締めにする、すねを蹴るなどして転倒させる、力ずくでボールを奪い取る」**などのアプローチもファウルとはしないというものがあった。

これは最終的に却下されたものの、このルールを支持する声も大きかったという。

賛成派のサッカークラブ「ブラックヒースFC」などは、このルールがなかったら「ゲームから勇猛果敢なプレイを排除することになり、しまいには、フランス人をたくさん呼び寄せて1週間だけ練習させれば強豪チームができあがってしまうことにもなる」と主張した。

これがいかに先見の明のある発言だったかは、のちのち判明したことである……。

もっとも危険なスポーツとは？

アメフトなどが危険そうに見えるが……。

凧あげだ。

世界的な凧揚げのメッカは、パキスタン北部の都市ラホール。

ヴァサント・パンチャミの春祭り期間中に行われる凧あげが、特に盛大だ。祭りのあいだ、**凧は決闘の武器になる**。自分の凧を使って敵の凧を落とすのだ。必勝を期して、凧糸に金属とガラス片を練り込んだりする人も多いという。

1つの凧が別の凧を追い落とすたびに、観衆から「Bo Kata! ＝ボ・カタ！（凧、撃墜！）」と叫ぶ声が上がり、それに続いて太鼓が打ち鳴らされる。

過去10年にわたって、この凧あげ競技で負傷したインド・パキスタンのパンジャブ人は数千名におよび、死者は460名といわれている。あま

けが人が続出の凧あげ

りにも危険なので、1年に15日間を除いて、国内の凧あげは全面的に禁止されている。

凧を追いかけていて思わず屋根から落ちたり、車の流れに突っ込んだりして死者やけが人が続出する一方で、凧糸でのどをかき切られて命を落とす通行人も多い。

凧糸が電線に接触したり絡みついたりして、停電の原因になることも頻繁にある。

このように極めて危険で、社会に多大な悪影響をおよぼしていることから、凧あげの完全禁止を訴える運動も起こっている。

他にも危険なスポーツはあるが、その1つが、ベースジャンピング。高い崖やビルからパラシュートで降下するスポーツだ。これで死ぬ人は、年に10〜15人とのこと。

ケーブ・ダイビングも相当危険だといわれている。こちらはスキューバダイビングと洞窟探検を合わせたようなもので、年に10人ほどの死者を出している。

ロックフィッシングは文字どおり岩場での釣りだが、オーストラリアの海岸で、毎年少なくとも10名の釣り人が波にさらわれ命を落としている。

そして、高高度登山では、100人中1人の割合で命が奪われるという。

公式に認可された単一のスポーツイベントとしてもっとも危険なのは、ダカール・ラリーだ。この耐久モーターレースは、**32年の歴史の中で少なくとも58名の死者を出している。**

そのうちの25名が競技参加者だったが、それより多くの観衆も犠牲になった。

正式な記録が極めてあいまいという悪評も立ってはいるが、（高速走

行車の衝突の他にも）事故原因として十分考えられるものに、地雷の爆発や盗賊による誘拐事件、想定されていなかった内戦の勃発、さらには突然起きた激しい砂嵐などがある。

いちばんけがの多い女子スポーツは、**年間2万人の負傷者が出る**といわれるチアリーディング。激しい転倒によるねんざや骨折だ。

ところで、チアリーディングは女子限定のスポーツではない。実は、圧倒的に女性の多いスポーツになったのは1950年代以降のことだ。

現在では、**アメリカにいる合計300万人のチアリーダーの5%が男性**である。

2001〜2009年にわたってアメリカの大統領を務めたジョージ・W・ブッシュは、マサチューセッツ州の全寮制ハイスクールに在学中、同校野球部のヘッド・チアリーダーだった。イェール大学に進学した後も、引き続きチアリーダーとして目覚ましい活躍をしたという。

オリンピックではじめて「10点満点」を出した選手は？

体操のコマネチ選手を覚えている人も……？

1976年のモントリオール・オリンピックに出場したナディア・コマネチではない。実は、オリンピック初の「10点満点」が出たとき、コマネチはまだ生まれてさえいなかった。

1924年、パリ・オリンピックで、フランスの体操選手アルベール・セガンは、「跳馬横置」（訳注：あん馬を横向きに置いて競技する種目）という男子個人種目で金メダルを獲得した。

跳馬横置は、パリ・オリンピックではじめて実施され、セガンのスコア10点満点も、オリンピック史上初の快挙だった。

この大会がアルベール・セガンにとって最初で最後のオリンピックとなるが、彼は全力を出し切って一度きりのメダル獲得チャンスをものにした。男子団体総合と綱登りでも銀メダルに輝いている。

綱登りは、1932年大会を最後にオリンピックの正式種目として採用されなくなった競技だ。

パリ・オリンピックで使われた綱の長さは8メートル。選手たちはまず両足を前に真っ直ぐ伸ばして床に座り、上から垂れ下がっている綱の端を両足のあいだに入れる。この姿勢から登り始め、綱のいちばん上まで手と腕だけを使って登らなければならない。成否を握るカギは、最初の一瞬に、上半身のパワーでどれだけ勢いをつけて綱の上方に跳びつけるかにあった。

綱のいちばん上には「タンバリン」があり、その表面は煤でおおわれていた。地上に降りてきて、煤のついた指を見せて、ちゃんとタンバリンに触れたことを証明した。

1904年大会で、この種目の金メダルを獲得したのは伝説のアメリカ人体操選手ジョージ・エイゼル。彼はこの年のセントルイス大会に木製の義足で出場し、金、銀、銅あわせて6個のメダルを手にした。

ナディア・コマネチが、女子選手としてオリンピック史上初の10点満点をマークしたのは1976年、14歳のときだった。

ちなみに、史上最年少の女子金メダリストは、アメリカ合衆国のマージョリー・ゲストリング。彼女は1936年大会の水泳の飛込競技に13歳の若さで出場し、金メダルを獲得した。

オリンピック史上もっとも珍しい新記録達成者は、おそらく日本人ランナー金栗四三だろう。

1912年、彼はストックホルム大会のマラソン競技に出場し、他のランナーとともにスタートを切ったものの、疲労から30キロ地点を過ぎたところで足を止めて休憩せざるをえなくなった。近くの民家で水を1杯もらって飲んだが、その後に**ソファに座って眠り込み、そのまま翌朝まで目覚めなかった**という。

そして1967年、76歳になった金栗はスウェーデンのオリンピック委員会から「戻ってきて完走してください」との招待状を受け取る。

ついに完走した彼のタイムは、**54年8カ月6日5時間32分20秒3**だった。

最初のオリンピックで 行われた競技とは？

マラソンのイメージが強いけれど……。

円盤投げでも槍投げでもマラソンでもない。……古代の壺などに描かれている古風なスポーツでもない。

古代ギリシャ人が発明したスポーツは数多くあるが、記録に残る古代オリンピック最古の大会（紀元前776年）では、競技はたった1つ。「スタディオン走」と呼ばれた**駆けっこ**だ。この名前がついたのは、走った距離が当時の単位で1スタディオン（およそ192メートル）だったからである。

第1回目の古代オリンピック勝者は、「エリスのコロイボス」として知られるようになったエリス出身の調理人コロイボス。彼は全裸で走ったといわれ、そもそも**競技自体がヌードで行われた**という説もあるが、全裸での競技が始まったのは50年も後の紀元前720年、勝者となったメガラのオルシッポスの**腰布が、走っている途中にほどけて落ちた**ときからだという言い伝えもある。

しだいに競技種目は増えていき、レスリング、ボクシング、ペンタスロン（5種競技）などが加えられた。女性の出場も観戦もいっさい認められず、また、ボクシング選手だけに着用が許された革ひも以外、どのアスリートも一糸まとわぬ姿で競技しなければならなかった。
ボクサーたちが着用したのは、今でいうTバックでもなければ、ビー

チサンダルの類いでもない。古代オリンピックの革ひもといえば、ボクサーが拳に巻いた牛革のひものことだ。

ちなみに、「ジムナスティックス（体操）」という言葉は、ギリシャ語の「裸体」を意味する「ギュムノス（gymnos）」を語源とする。

古代ギリシャでは、4つの「パンヘレニック競技会」つまり「全ギリシャ人の競技会」が行われていたので、陸上競技、チャリオット（古代の戦車）レース、コンバット（戦闘）競技などの選手たちは、4年に一度のスポーツの祭典を待つ必要がなかった。

競技会ごとに勝利の冠が異なり、それによって大会の独自性が示されていた。

オリンピアで行われた競技会では勝利の栄冠にオリーブの枝が使われ、ネメアで開かれた競技会では**乾燥したパセリ**が使われていた。

聖地デルフォイのピュティアで行われた競技会では、勝者の冠はローリエ（月桂樹）でできていた。この競技会では音楽競技が盛大に催されていたこともある。

ギリシャ以外の都市で最初に開かれたオリンピックは、イングランドのグロスターシャー州のスポーツ競技会だ。

ロバート・ドーバーという名の地元の法律家が所有していた丘で1612年に開催した競技会を「コッツウォルド・オリンピック大会」と名づけたのが始まりだった。

この大会には、「男らしさの追求」をテーマとする競技——レスリング、こん棒を武器に戦うゲーム、**足のすねの蹴り合い**、ケイバー・トス（丸太投げ）に似た競技など——もあったが、同時にピュティア競技会の歴史的な功績を称えて、歌唱、バグパイプ演奏、競馬、チェスなどの優勝者も表彰されたそうだ。

PART

4　「文化」

さらに、同じくイングランドのマッチ・ウェンロックという町でも、1850年に「オリンピックの復興」が試みられた。

このスポーツ競技会には、なんと「ベル鳴らし」という種目があり、ベルをいくつも飾りつけた衣装に身を包んだ者が1人、目隠しした一団に追いかけ回されたという。

1896年開催の第1回近代オリンピック・アテネ大会は、ピエール・ド・クーベルタン男爵の提唱によって実施された。**彫刻、音楽、絵画、文学、都市計画**などの種目を加え、優秀者にメダルを授与するというものだった。

しかし、1952年から1972年まで国際オリンピック委員会の会長を務めたアメリカ人、エイベリー・ブランデージが、会長就任に先立って、「絵画や彫刻などの芸術作品のメダリストたちは、その栄誉をプロとしての資金確保に利用しかねない。そうなれば、オリンピックの厳正なるアマチュア精神が損なわれる」と断じてからは、種目は運動競技のみとなった。

今も残るオリンピアの遺跡

スポーツ選手は
なぜ円陣を組むのか?

士気を高めるため?

　もともとは、チーム一丸となって闘志を燃やすこととまったく関係がなかった。

　最初に円陣を組んだのは、アメリカ・ワシントン D.C. にある聴覚障害者のための高等教育機関、ギャローデット大学の学生チーム。その目的は、**同じく聴覚障害者の相手チームに手話による合図を見破られないようにする**ことだった。

　アメリカンフットボールの「スクリメージライン」は、攻撃選手と防御選手のあいだに引かれる仮想の境界線のことだ。このライン上にボールが置かれ、そのボールが動いたタイミングで攻撃が開始される。

　1890年代までは、各チームの作戦や指示は敵味方に関係なく誰からも聞こえるほどの大声で叫ばれていた。要するに、相手チームのディフェンスになにも隠さずプレイしていたのだ。

　ギャローデット大学（1864年創立）の前身であるコロンビア聾唖教育施設に、チームメンバー全員が聴覚障害者のアメフト部が誕生したとき、クオーターバックのポール・ハバード選手は、スクリメージラインからアメリカ手話で攻撃の作戦を指示した。

　そのため彼のチームは、聴覚障害者のいない大学チームに対しては優位に立つことができたが、他の聾学校のチームには簡単に作戦を読まれてしまっていた。

そこでハバードは一計を案じ、毎回プレイ前にチームの攻撃選手を自分のまわりに集合させて、手話による指示を敵チームに見せないようにした。1894年のことだ。

　ハバードの狙いは見事に的中し、それ以降、この円陣の内側で指示を出す方法がチームの習慣になった。1896年には、他大学のチームも円陣を組みはじめ、今では試合に欠かせない場面の1つと見なされている。

　ちなみに、ギャローデット大学は、はじめて聴覚障害者のために創立された大学だ。
　創立者は、初代学長のエドワード・マイナー・ギャローデット。その父であるトーマス・ホプキンズ・ギャローデットは、アメリカに手話を持ち込み普及させた聾教育者である。
　聴覚障害のないトーマスは、自身がパリで学んだフランス手話を土台にしてアメリカ手話を構築した。そのため、**アメリカとフランスの手話には共通するジェスチャーが60％**もある。
　こういうわけで、聴覚障害のあるアメリカ人は（同じ英語を話す）ロンドンよりも、フランス語圏であるパリにいるときのほうがはるかに簡単に意思疎通できるという、ちょっと妙な現象が起きている。

青銅器時代の道具は、何でつくられていた?

その名のとおり「青銅器」ではないのだろうか?

ほとんどが石でつくられていた。

ヨーロッパでは、紀元前2300年～紀元前600年ごろに迎えたとされる青銅器時代(訳注:日本に青銅器がもたらされたのは弥生時代といわれている)。

この時代が始まったのは、人類がはじめて青銅のつくり方と利用法を発見したときだ。しかし、これは「徐々に進行した産業革命」とも呼べるものだった。

この時代の大半は、古来の科学技術、すなわち石や骨で道具をつくる技術のほうが、金属をあつかう方法より広く普及していた。

青銅は希少価値のある金属であり、誰もが簡単に手に入れられるものではなかったので、日常的に使う農具や武器は、依然としてフリント(訳注:黒灰色の石英。火打ち石としても使われた)など、なじみのある材料でつくられていた。

そして、ちょうど青銅器時代に石器が活躍したように、青銅器づくりがもっともさかんに行われたのは鉄器時代(紀元前1200～紀元後400ごろ)に入ってからだった。

石、青銅、鉄。われわれは今でも、この3種類の材料を使っている。21世紀になってからも、ビニール袋やシリコンチップと並行して、いまだに鉄製の手すりや青銅製のベアリングやブロンズ像や墓石や砥石を製

造し続けているのだ。

　ブリテン諸島の住民の中で、フリントを使って生計を立てていた最後の職人は、「フリントナッパー（訳注：フリントをハンマーなどで打ち砕く人のこと）」と呼ばれる人々で、おもに銃器に用いる火打ち石を供給するのが仕事だった。

　この職業が消滅したのは、実はほんのひと昔前のこと。19世紀になって信管（訳注：銃や爆弾の発火装置）が登場したために、火打ち石が使われなくなったころだった。

「3時期法」と呼ばれる歴史区分法──石器時代に次いで青銅器時代が始まり、その後に鉄器時代が到来したとする区分法──は、19世紀初頭に発案されたものだ。

　もともとは、デンマークの博物館館長の思いつきだったという。その館長の名は、クリスチャン・ユルゲンセン・トムセン。

　ある日、トムセン館長は展示品を**見栄えがいいように並べる方法**はないものかと思案していた。彼が意図したのは、つくり方の精巧さと材質の変化に則して先史時代の利器をざっくりと分類し、できるだけ古いものから新しいものへの移行がわかるように順に並べるという、**大ざっぱな展示方法**にすぎなかった。

　考古学者の多くが、石器時代──細分化されて旧石器時代・中石器時代・新石器時代と呼ばれている時代全般──は、どちらかといえば「木製器時代」だったと考えている。

　だが、先史時代に果たしたであろう木の大きな役割を、われわれの目で調べることはできない。木製の工芸品は、石器とは違って腐ってしまうからだ。

ガラス、水洗トイレ、紙、コンパス──中国発祥でないものはどれ？

中国が文明の発展に寄与したことは間違いない。

意外なことに、**ガラス**である。

中国人が発明したものは、コンパス、水洗トイレ、火薬、紙、運河の水門、吊り橋など数々ある。だが、16世紀から18世紀にかけて西洋社会を様変わりさせた科学革命すなわちガラスの発明と活用は、完全に彼らの手をすり抜けてしまった。

その理由は、彼らによるもう1つの発明品、お茶にある。

最古のガラス工芸品はエジプト人によってつくられ、紀元前1350年ごろにさかのぼるといわれるが、透明のガラスを最初につくったのはローマ人だった。彼らは、ガラスの器に注いだワインの色合いを愛でながら飲むことが好きだったという。

エジプト人がガラスの製造法を突き止めたころには、すでに中国人のお茶を飲む習慣が定着していた。

言い伝えによると、中国でお茶が飲まれはじめたのは紀元前2737年。つまり、このときまでの1,400年近くものあいだ、中国人はずっとお茶に親しんでいたということだ。

彼らにとって、お茶の温もりのほうが色合いよりも大事なことだった。そして、自分たちの手でつくり上げたもっとも有名な発明品、すなわち陶磁器で供されるのがいちばんだった。

初期の中国製ガラスは不透明で厚みがあり、そのうえ割れやすかった

ため、ほどなく、中国人たちはガラスをあつかうことすべてを断念したという。およそ500年間——14世紀末から19世紀まで——中国ではガラスはいっさいつくられなかった。

一方、ヴェネツィア共和国は1291年に、木造のガラス溶解炉を火事で焼失させないようにと、すべてのガラス工房をムラーノ島へ強制的に移転させた。ガラス職人も移住し、島民にガラスづくりを伝授した。

また、ほぼ同じころに移住してきたイスラム教徒の工芸職人たちからの影響もあり、島をあげてのガラス製作がくり広げられていった。

こうして誕生したのが、世界一華麗なヴェネツィアン様式ガラスの名品である。

以来、ガラスは何世紀ものあいだ、この共和国の専売品であり続けた。

西洋文化におよぼした高級ガラスの影響は、数知れない。

13世紀後半に発明された眼鏡。ルネッサンス絵画における**遠近法も、ガラス製の鏡に物体が正確に投影されるようになったことから始まった**といわれている。

同じくガラス製のビーカーや試験管が、古代の錬金術を近代化学へと変貌させた。

顕微鏡と望遠鏡は、16世紀末にそれぞれ発明され、ともに人類を2つの宇宙——はるか遠い宇宙と極小の宇宙——の解明へと導いた。

17世紀には、ヨーロッパのガラスは庶民が窓として使えるほど安価になっていた。窓ガラスの普及により、風雨の遮断、日光の取り込みが容易になり、庶民の衛生状態は飛躍的に改善され、18世紀初頭までにヨーロッパのほとんどの地域で疫病が根絶されたという。

19世紀なかばには、ガラス製のフラスコが発明され、伝染病研究に革命をもたらし、現代医学の発達へとつながる。

　ほどなくして、ガラス製の電球が出回るようになると、仕事も娯楽も永遠に様変わりした。

　一方、中国はというと、19世紀に確立した東西交易により、科学技術面での遅れを瞬く間に取り戻していった。

　今では世界トップの工業大国であり、また、世界最大の輸出国、そして世界一のガラス産出国にもなっている。

　現在、**国際市場で取引されるガラスの34％が中国製**である。

英国国教会はダーウィンの進化論に、どのように対応したか？

猛反発を食らったのでは？

かなり肯定的だった。

『種の起源』が刊行された翌年の1860年、オックスフォード大学で討論会が行われ、ロンドンのサミュエル・ウィルバーフォース大司教と、進化論のもっとも熱心な支持者の1人だったトマス・ヘンリー・ハクスリー（「ダーウィンの番犬」の異名で知られる生物学者）とのあいだで、白熱した議論が交わされた。

討論の途中で、大司教はハクスリーに皮肉を込めて「あなたが猿の家系と主張しているのは父方ですか、それとも母方ですか」と尋ねたという。

しかし、総じていえば、これが当時の英国国教会の典型的な反応というわけではない。

同じ年に、ラグビースクール（訳注：イングランドの名門私立学校）元校長のカンタベリー大主教フレデリック・テンプルは、説教の中でダーウィンを称賛した。いわく「科学者たちが、宇宙の法則を思う存分に説くのは結構なことです。ただ、その法則のすべてに神の恵みがあることを忘れてはなりません」。

また、社会的な影響力を持っていた著作家チャールズ・キングズリー司祭も、ダーウィンを祝福した。当人に宛てた手紙に「世界をつくる以

上に素晴らしいことです。みずからをつくり上げる世界を、神はつくりたもうたのですから！」と書いたという。

1871年出版の著書『The Descent of Man, and Selection in Relation to Sex（邦題『人間の由来』講談社学術文庫）』の中で、ダーウィン自身が直接この論争に触れるころには、（ウィバーフォース大司教のような）反対派と少なくとも同じ数の高位聖職者たちが、彼の理論を受け入れる姿勢を示していた。

同時に、（ハクスリーを含む）科学者たちの多くが、聖書の授業を学校の必修科目とすることに賛同し続けたという。

『種の起源（原題 On the Origin of Species by Means of Natural Selection, or the Preservation of Favoured Races in the Struggle for Life）』は、一般市民向けに読みやすく書かれた最初の科学的な理論書である。「ジョン・マレー」社から出版された初版本は、予約注文が殺到し、印刷が完了する前に売り切れた。

その後、ダーウィンは改訂版を計5回発行している。当初のレビューの多くが敵意に満ちていたうえに、進化論に反対する団体が組織され、ダーウィン本人は冷笑の的になった。

政治家や新聞の編集者たちもこぞってダーウィンをあざ笑ったという。

当時の新聞の風刺漫画には、ダーウィンの顔の下に猿の体が描かれることもよくあった。そして名誉学位を受けにケンブリッジ大学まで出かけて行くと、学生たちは天井から猿の縫いぐるみをぶら下げて出迎えた。

ときには進化論が単純に無視されることもあった。1859年、『種の起

源』出版寸前に、ロンドン地質学会の会長はダーウィンに名誉あるウォラストン・メダルを授与したが、その際、アンデス山脈への地質探検の功績とフジツボに関する全4巻の著作を称えただけで、『種の起源』にはいっさい言及しなかったという。

　ダーウィンは個人的に信仰心を失いはしたものの、意図的に宗教批判をすることはなかった。つねに自分のことを不可知論者であって、決して無神論者ではないと語っていた。

　そして英国国教会もまた、彼を切り捨てなかった。1882年に死没したとき、教会から最高の栄誉賞が与えられている。
　ダーウィンは国葬に付され、ウェストミンスター寺院に埋葬された──イギリスのもっとも偉大な科学者アイザック・ニュートンのすぐそばに。

インドの「4大宗教」とは？

仏教はインドで生まれたけれど。

ヒンズー教、イスラム教、キリスト教……そして4番目は、シーク教。

仏教はインドの釈迦（ガウタマ・シッダールタ、紀元前563 ～ 483）を開祖とする宗教だが、**現在の中心地はチベット**である。

入手可能なデータ（インドの国勢調査）から数字を並べると、ヒンズー教徒が80.5％、イスラム教徒が13.4％、キリスト教徒が2.3％、そしてシーク教徒が1.9％。インドの人口の4分の3以上が、ヒンズー教の信者であることを自認している。

ヒンズー教は、現存する世界最古の宗教だといわれている。

次に多いのがイスラム教徒で、インドのイスラム教徒たちは、インドネシアとパキスタンに次いで、世界で3番目に大きいイスラム教コミュニティを構成している。

インドに住むキリスト教徒は、およそ2,500万人。イギリスに住むキリスト教の人数（2,900万人）とほぼ同じだ。そしてインド在住のシーク教徒は、1,500万人である。

仏教徒がインドの人口に占める割合は、わずか0.7％。**ニュージーランドの仏教徒の人口比（1.08％）よりも低いパーセンテージ**だ。それでも、0.7％というのは、数にすれば750万人。

この数字は、インドの仏教徒が世界で9番目に大きい仏教コミュニティを構成していることを意味する。

インドの政治や文化に大きな影響を与えたといわれる禁欲主義的宗教「ジャイナ教」にいたっては、その信徒の数はさらに下回り、人口比は約0.5％しかない。

　そして、インドでいちばんの少数派は、無宗教者たち。人口比わずか0.1％が、国勢調査で「特定の宗教なし」と回答している。

　仏教は紀元前5世紀ごろにインド北部で創始され、その後の1,000年間に国内で大きく発展した。

　しかし現在は、その信奉者のほとんどが中国に住んでいる。中国の中でも、とりわけ多いのがチベット自治区だ。ここではつい最近まで、**男性の6人に1人が仏僧だった**という。

　中国の他には、インドシナ半島や日本、そしてスリランカでも仏教徒が国民の多数派となっている。

　一方、インドのさらなる少数派ジャイナ教徒の数は、仏教徒のほぼ半分だ。

　ジャイナ教は、マハーヴィーラ（紀元前599〜527）――サンスクリット語で「偉大な勇者」という意味――がインド北東部で興した宗教。つまり発祥の場所も時代も、仏教とほぼ同じということだ。

　ちなみに、釈迦の尊称である「仏陀」は、「目覚めた人」という意味。

　この2人の男性は、ともにカースト制度の上位階級であるクシャトリア（王族と武士）の出身だったが、それぞれ30歳のころ、家も身分も捨てた。マハーヴィーラは、苦行者として生き、生涯のほとんどを全裸で過ごしたという。

　ジャイナ教は、生命のあるなしにかかわらず、宇宙のありとあらゆる

物すなわち森羅万象に魂があると考え、徹底した禁欲主義と非暴力を重んじ、神の存在を無意味とみなす宗教である。

　すべての信徒にとって、生き物を傷つけることも殺すことも罪であり、正統派の修行者たちは口を網でおおい、間違ってもクモを飲み込まないように心がけ、さらに道を歩くときは**小さな虫を踏み潰さないように前方をそっと掃いてから歩を進める**という。

　ちなみに、かのマハトマ・ガンディーは、ジャイナ教から多大な影響を受けている。

インド各地にジャイナ教の寺院がある

ロマ民族は、どこの国が発祥？

ヨーロッパに多く住んでいるイメージ。

　彼らの**祖国はインド**だ。

　ロマ（長年「ジプシー」と卑称されてきた）は、エジプトからの移住者ではない。ローマやルーマニアから来たのでもない。

　推定1,000万人のロマ民族の居住地は、現在も、ヨーロッパを中心に、南・北アメリカ、アジアなど世界各地に広がり続けている。中でもロマ人がもっとも多く暮らしているのは、中央および東ヨーロッパだ。

　14世紀にはじめてヨーロッパにたどり着いて以降、彼らは各地を転々としながら実にさまざまな名前で呼ばれてきた。英語の「ジプシー」とスペイン語の「ヒタノ」は、そのうちの2つにすぎない。

　彼らは、自分たちを「ロマ」と呼んでいて、「さすらいの音楽家」を意味するとも伝えられる。

　ロマ語は文字言語としてよりも、むしろ口頭言語として存続してきた。

　その起源については長い間謎につつまれていたが、ようやく19世紀なかばに言語学者によって解明される。

　文構造と語彙の分析により、ロマ語は古代インド北部の言語「サンスクリット語」から派生したインド・ヨーロッパ祖語の1つだとわかった。

　さらにロマ語には、ギリシャ語とトルコ語とイラン語の要素も含まれていることから、ロマ人たちがインドを出てトルコを経由し、やがて

ヨーロッパに移り住んだものと考えていいようだ。

それから1世紀半が過ぎ、今度は遺伝学者たちによる調査が行われたが、彼らの出した結論も同じだった。

数百人のロマ人を対象に遺伝子分析が実施され、ある特定の疾病と関連性のある5種類の遺伝子変異が認められた。

この結果、おそらく1,000人規模のロマ人の集団が紀元後1,000年にはじめてインドから出たことと、その後、小さな集団に分かれて各地に移り住んだことがほぼ確実になった。

ロマ語の複雑に変化した方言がヨーロッパ全域で見られるのも、これで説明がつくわけだ。

1,000年にわたって、ロマ人の移動する能力と、移り住んだ先に適応する能力は継承された。

だが、こうした能力をもってしても、行く先々で遭遇する迫害に耐え抜くのは容易なことではなかった。

東ヨーロッパでは強制的に奴隷にされ、スペインでは隔離地区に収容され、フランスとイギリスではロマ人である印として**剃髪と耳削ぎを強いられた**。彼らは移住したすべての国で、法的にも社会的にも差別されたのだ。

もっとも悲惨だったのは、ナチス政権による集団虐殺である。

ジェノサイド（集団虐殺）はロマ語の「食べ尽くすこと」を意味する「Porjamos（ポライモス）」とも呼ばれ、1935年から1945年にかけて、推定150万人ものロマ人が（アウシュビッツ強制収容所をはじめとする各所で）命を落とした。

こうした差別と弾圧は、ロマ人にとって決して過去のことではない。

　2008年には、イタリア政府が国内の都市犯罪の増加はロマ人移住者のせいに他ならないと言明した。

　「彼らが居住していることが国家の非常事態なのだ」というのが、イタリア政府の使った表現である。

　ロマ族の人々は、何世紀ものあいだ、**その独特な音楽と物語と言語によってヨーロッパ文化を豊かにしてきた。**

　英語には、彼らから借用してできた言葉が驚くほどたくさんある。

　たとえば、「pal（パル）＝仲間、相棒」は「友だち」という意味の「phal（ファル）」から、「lollipop（ロリポップ）＝ペロペロキャンディ」は「赤いリンゴ」という意味の「loli phabai（ロリファバイ）」から、「gaff（ガフ）＝家やアパート」は「町」を意味する「gav（ガヴ）」から。「nark（ナーク）＝警察のスパイ」は「鼻」を意味する「naak（ナーク）」に由来している。

ヨーロッパに多く暮らしているロマの人々

フレンチカンカンの衝撃の事実

パリっ子たちに驚きをもたらしたことは想像に難くない。

若い女性たちが揃って下着を見せたことではない。

そもそも、カンカンは男性も女性も一緒に踊って楽しむダンスとして始まった。そしてどちらの衣装もまったく奇抜なものではなかった。若い娘たちが一列に並んで大声を上げ、**脚を高々と振り上げるというおなじみのカンカンは、その後100年近くたってから登場したもの**だ。

カンカンが最初に登場したのは1830年代のパリ、モンパルナスにあった労働者階級のダンスホールだった。男女4人が1組になって踊る、まったく新しいタイプのダンスはすぐに世間に知れ渡った。慎み深い社会層には、パートナーとの体の接触の多さに衝撃を受ける人たちもいたという。

「彼らは入り乱れ、互いに交差し、離れ、かと思うとまた出会う。その動きは迅速にして、炎のごとき熱情が感じられる」と。

パリを訪れたとき、19世紀ドイツの詩人ハインリヒ・ハイネは「悪魔にとりつかれた喧騒」と表現した。

初期の花形ダンサーは、いずれも男性だった。スポーツ競技を思わせる彼らの得意技は、脚を高く振り上げるハイキックと空中大開脚。これらは当時流行していた曲芸師のパフォーマンスを真似たものだったという。

女性ダンサーがハイキックを取り入れる段になると、単なるスポーツ競技以上の要素が求められるようになった。やがて、フープで強化された幅広のスカートと何層ものフリルをあしらったペチコートが女性ファッションの定番になると、踊り子たちもそうした衣装を身につけ、ハイキックはもちろんのこと、スカートを両手で思いきり持ち上げたり尻を派手に振り回したりするようになる。それでも、世の中の誰もが参加できるダンスだった。

しかしカンカンは、1860年代にはポールダンスへと変貌する。ステージで、セミプロの「ダンサーたち」（「娼婦」の婉曲表現であることが多い）が柱につかまって身体をくねらせる踊りである。

カンカンの評判は、よくも悪くも世間を大いに騒がせ続けた。

1850年代なかば、モスクワにカンカンを持ち込もうとする動きがあったが、ロシア皇帝ニコライ1世はそれを許すどころか、**カンカンの全面禁止令**を出して、興行主は投獄、ダンサーたちは武装したコサック兵士の監視のもとに国外退去を強いられた。

イギリスで最初に「フレンチカンカン」が上演されたのは1861年。

興行主はチャールズ・モートン。

オックスフォード・ストリートに新たに完成した音楽ホールの、こけら落とし公演だった。4人組で踊るカンカンは、正確には「フレンチ」ではなく、おもに「ハンガリアン」だったのだが、いずれにしても、この興行は開始直後から大ヒット。観客はわきにわいた。

あまりの盛況に、劇場側は警察から「わいせつ行為を助長する」として興行停止を強要されたほどだったという。

19世紀末、パリに高級キャバレーがオープンするころには、すでに女性のカンカンダンサーたちは街の有名人になっていた。

中でも有名なのが、フランスの画家トゥールーズ＝ロートレックのポスターに描かれ、絵の中で永遠不滅のダンサーとなったジャンヌ・アヴリル。そして、母親の経営するクリーニング店から借りた豪華な衣装を身につけて踊ったというラ・グーリュ。

　この2人も、他の女性ダンサーと同様、パリで最高のギャラを獲得する人気セレブだった。

　フォリー・ベルジェールやムーラン・ルージュで夜ごとにくり広げられた彼女たちの踊りが、1920年代に始まったコーラスライン・カンカンの原型である。

　とはいえ、ダンサーが脚を高々と振り上げたりスカートのすそをクルクル回したりするのは、19世紀のパリで始まったことではない。

　ハイキックについては、もともと16世紀のフランス北西部ブルターニュ地方のカントリー・ダンスに取り入れられていた振りつけである。

　また、カイロ近郊のサッカラ遺跡にある古代エジプトのレリーフ作品にも、同じような振りつけで踊る人々の姿が彫られている。

　カンカンダンスは、アイルランドの文学者ジョージ・バーナード・ショーの「ダンスとは、音楽によって社会に容認された水平的欲望の垂直的表現である」という見解を裏打ちするものだ。

　呼び名の「カンカン」は、おそらくフランス語の動詞「cancaner（カンカナー）＝ガーガー鳴く」からきているようだ。

　なにしろ、アヒルほど見事に尻を振る生き物はいないのだから。ちなみに、「cancaner」にはもう1つ「スキャンダルを広める」という意味もある。

あなたの書く文字から わかることとは？

人間の心が透けて見えるとしたら……。

文字に表れるのは人柄であって、外見ではない。

よく知っている人の手書き文字を見ると、われわれには誰の書いたものか簡単にわかる。文字の形・サイズ・傾き具合などの特徴が、書く人によって決まっているからだ。ところが、筆跡学または筆跡心理学の観点からなら、これよりはるかに広範な事柄を見抜くことができるらしい。つまり、人の性格が手書き文字から予測可能だというのだ。

なんとなく魅力的なアイデアに思えるけれど、実際は、本の中身を表紙で判断したり、着ている服でその人の性格を決めつけたりするのと同じくらい不正確なものだ。

筆跡学そのものを研究したすべての調査によっても、調査対象者のパーソナリティを予測するという点では、有用性が低いということが判明している。

イギリス心理学会は、**筆跡学を「有効性ゼロ」として占星術と同じランクに位置づけている。**

筆跡診断でわかるもののうち信頼性が高いといえるのは、対象者が**男性か女性か、それと自殺傾向があるかどうか、**この2つだけであるという。

2010年発行の『国際クリニカルプラクティス・ジャーナル』誌に掲載

された研究報告によると、自殺未遂の経験がある40名のグループを対象に筆跡学的分析が行われたとき、そうした経験のない対照群の筆跡分析と比べて、明らかに「危険性が高い」との結果が出たという。

　精神疾患を検知するために筆跡学を使うことは少なくない。しかし、特定の人物に天性の営業力があるかどうかを見極めることや、あるいは、誰かが「お人好し」か「疑い深い性格」かを知るために筆跡学を使うこととは、まるで違う。

　にもかかわらず、イギリスでは3,000あまりの企業が採用候補者の資質を吟味（ぎんみ）するために筆跡学を使っている。怪しいのは、これが採用候補者に対する違法な（年齢・性別・人種・信仰などによる）差別を巧妙に隠すための、いわば「隠れミノ」になっているのではないかということだ。こうしたことから、アメリカでは就職の面接試験で筆跡学を使うことは法律違反と見なされるようになった。

　身元の特定のために、より信頼性の高い筆跡学の機能が発揮された事例をいくつか紹介しよう。

　まず、**アル・カポネを刑務所に送ったのは、他でもない筆跡分析**であった。アメリカ合衆国内国歳入庁の税務職員フランク・J・ウィルスンは、あるとき違法賭博業務を記録した3冊の帳簿を発見。賭博場の収益は分割され、その一部の受取人の名前は「A」や「A1」と記録されていた。

　この受取人の正体がアル・カポネであることを証明するため、ウィルスンは3週間にわたってシカゴじゅうのカポネの一味から手書き文字のサンプルを収集。そしてついに、1枚の預金伝票を見つけた。そこには、例の帳簿にあった手書き文字と一致する署名が記されていた。

　その帳簿を書いた出納係（レスリー・シャムウェイという名の男）を個

人的に捜し回り、最終的にフロリダ州のマイアミにあるドッグレース場で見つけたのもウィルスンだった。さらに彼はみずからこの男を説得し、カポネに対する不利な証言を（訴追免除と引き換えに）取りつけたという。

伝説のマフィア、アル・カポネ

18世紀イギリスの「ハイウェイマン」すなわち馬に乗った追いはぎ、ディック・タービンもまた、自身の手書き文字のおかげで捕らえられた悪党だ。

タービンは1件の追いはぎ容疑で逮捕され、「ジョン・パルマー」という偽名で服役していたが、裁判が近づくころになって義理の兄に助けを求める手紙を書き送る。

しかし義兄が切手代の6ペンスを払うのを拒んだので、その手紙は地元の郵便局に返送された。

そのとき**封筒の筆跡に見覚えがあると思ったのが、その郵便局の現局長でありタービンが昔通った学校の元校長**だった。

この局長の証言によって、自称パルマーことタービンの身元は明らかになり、それと同時に、殺人を含むいくつかの余罪も発覚。6週間後に、タービンはヨーク市で公開絞首刑に処せられた。

相手があなたに会えて喜んでいるか、どうやってわかる？

つくり笑いにダマされないために。

相手の口の形は無視せよ。……心からの笑顔は、目に表れるものだ。

フランスの医師で神経学者であったデュシェンヌ・ド・ブーローニュは、1862年に笑顔の秘密を発見。その方法は、実験の対象者たちの顔に電気ショックを与え、それぞれの結果を写真撮影するというものだった。

実験を重ねる中で彼が気づいたのは、被験者がつくり笑いを浮かべたときには、顔の両サイドにある大きな筋肉（大頬骨筋）だけが使われ、おかしなジョークに思わず笑ったとき、つまり本当に笑ったときには、目のまわりの筋肉（眼輪筋）も使われること。

この作用は目尻のまわりのしわに現れるものだが、それは随意的制御がおよばない部分である。

笑顔を研究するグループでは、今でも本物の笑顔は「**デュシェンヌ・スマイル**」と呼ばれ、つくり笑いは——今はなき航空会社の広告でおなじみのスチュワーデスの顔にちなんで——「**パンナム・スマイル**」と呼ばれている。（訳注：「パンナム」は、1991年に破産し運航を停止したパンアメリカン航空の通称）

デュシェンヌによると、つくり笑いをしても相手に伝わるのはせいぜい礼儀正しさくらいのもので、それ以上のものはいっさい伝わらず、さらに悪質な場合には、裏切りを隠すためのつくり笑いを見せる人もいる

という。

つまり、つくり笑いとは、彼の言葉を借りれば**「自分の魂が悲しんでいるときに、無理に口元にだけ浮かべる笑み」**なのだ。

その後の研究によって、この主張は実証されている。

1950年代後半、米国カリフォルニア州にあるミルズ大学の女子学生141名は、長期にわたる心理学調査に協力することを了承。

卒業後の50年間、彼女たちは定期的にそれぞれの健康、結婚・家族生活、仕事そして幸福感についてレポートし続けた。

2001年、バークレー大学の心理学研究グループはミルズ大学の卒業記念アルバムを詳しく調べ、写真の笑顔をデュシェンヌ・スマイルとパンナム・スマイルに分類。結果は、ほぼ半々だった。

さらに、それぞれの卒業生たちからの報告データと合わせて調査すると、デュシェンヌ・スマイルを浮かべていた学生のほうが、その後の人生を幸福かつ健康に送っていることが判明。

つまり、本物の笑顔を見せる人のほうが幸せな結婚をして、家族にも健康にも恵まれる可能性が圧倒的に高いということだ。

こうしたことは、2010年に実施された1950年代アメリカのプロ野球選手についての調査でさらに明確になった。

目尻にしわを寄せて心からの笑顔を見せていた選手は、取りつくろったような笑顔を口元だけに浮かべていた選手よりも**平均して5年は長生きし**、そして、まったくカメラに向かってニコリともしなかった選手と比べると、**平均7年も長く生きていた**のだ。

笑顔の決め手は目にあるということ、これを如実に反映しているのが日本や中国で使われる感情アイコンすなわち「顔文字」である。

西洋の顔文字では、固定した2つの点で目を表し、口の形だけを変えて感情を表している。ここで、西洋とアジアの代表的な顔文字を比較してみよう。

　西洋　:) は「うれしい」、:(は「悲しい」という意味。
　東洋　^_^ は「うれしい」、;_; は「悲しい」という意味。

　ご覧のとおり、東洋の顔文字は目の変化に焦点を当て、口の形は変えていない。

　これによって明白なのは、一般に感情や反応をあまり顔に出さないと思われがちな東洋の人々のほうが西洋人よりも、どの相手が本当にうれしいのかよくわかっているし、また、うれしさをどう相手に伝えるかも知っているということかもしれない。

フランケンシュタインは何色だった？

映画やマンガで描かれるのは緑色？

フランケンシュタインも、そして彼がつくり出した怪物も、**緑色ではなかった**。……原作の**小説では黄色、映画の中では黒と白**だった。

アメリカ映画『フランケンシュタイン』（1931年公開）は、イギリスの作家メアリー・シェリーの小説（1818年刊）にもとづいて、ジェイムズ・ホエール監督が映画化したものだ。原作では、主人公ヴィクター・フランケンシュタインは博士ではなく、理想を追い求める若きスイス人学生だった。

とりわけ科学と錬金術に魅了された青年フランケンシュタインが、その異常なまでの執着心から、やがて生命のない物から生命体をつくり出す実験に乗り出す。そしてついに、何人かの死体から切り取った部位を寄せ集め、身長2.5メートルもの「生き物」をつくり上げた。

小説には、フランケンシュタインがどういう方法でその創造物に命を吹き込んだかは書かれていないが、映画版では、稲妻がその怪物に生命を与えたことになっている。この迫力ある特撮シーンは、高周波・高電圧を発生させる共振変圧器「テルサ・コイル」を使って撮影されたという。

自分の手で創造したばかりの生き物を目の前に、青年フランケンシュタインはどう反応したのか。これについては映画と小説にほとんど差異

がなく、どちらのフランケンシュタインも「戦慄と嫌悪」を感じた。

　原作者のメアリー・シェリーは、こう描写している。

「その黄味がかった皮膚では、皮膚のしたにある筋肉や動脈のうごめきをほとんど隠すことができません。確かに、髪は黒くつややかに伸び、歯は真珠のように真っ白ですが、そんな麗しさも、潤んだ薄茶色の眼をいっそうおぞましく際立たせるばかりです。その眼が嵌め込まれた眼窩も同じような薄茶色、顔色もしなびたようにくすみ、真一文字に引き結ばれた唇は血色が悪く、黒みがかっているようにさえ見えます」（『フランケンシュタイン』〈新潮文庫、芹澤恵訳〉）より

　こうした「死相」を伝えたい一心で、ユニバーサルスタジオのメイクアップアーティスト、ジャック・ピアースは、主役を演じた男優ボリス・カーロフに創意のメイクを施し、あの有名な「平たい頭と、ボルトが突き刺さった首」が特徴の怪物像をつくり上げた。

　完成した映画はモノクロ作品だが、宣伝用ポスターでは、この怪物の皮膚は緑色だった。

　映画は多くの批評家から傑作と評され、興行成績という点でも大成功で、公開直後の1週間に、ニューヨークの映画館ひとつで5万3,000ドル（現在の75万ドル〈約1億円〉に相当）もの収入を得たという。世界的な大

フランケンシュタインといえば緑色？

ヒットを受け、その後も次々に続編が制作されることになった。

1940年代に入って『フランケンシュタイン』が漫画化されたときも、怪物の皮膚は緑色に描かれた。

カーロフの演技によって強烈に印象づけられた――言葉も話せず、のそのそ動く――怪物のイメージとは違って、原作者メアリー・シェリーが描写した生き物は、かなりの知性と向学心の持ち主で、すばしっこく動き回り、言葉も流暢に話せた。

そして原作では、神がつくったとされる最初の人間アダムの身に起きた悲劇のパロディであるかのように、肉をいっさい食さず、野山にある「どんぐりとベリー」だけを糧に生きていた。

造り主フランケンシュタインに拒絶され、置き去りにされ、さみしさと我が身の醜さへの羞恥心から復讐を決意した怪物は、造り主の弟、友人、妻を次々に殺害。

最後に、造り主の死を知った怪物は悲嘆と絶望に打ちひしがれ、北極点でみずからを火葬に付して自己の存在した事実を跡形もなく消し去ろうと、北極海へと去っていく――。

原題『フランケンシュタイン、あるいは現代のプロメテウス』（Frankenstein: or The Modern Prometheus）は、メアリー・シェリーがわずか18歳のときに書いた作品である。

出版後すぐに一大センセーションを巻き起こし、その後もゴシック小説の金字塔と呼ばれ、さらに現在では、この作品を**世界初のSF小説**と考える人も多い。

『オズの魔法使い』のドロシーの靴は、何色だった？

映画で描かれていたのは「ルビー色」。

実は、銀色だった。

映画でドロシーがはいていた靴の印象が強いので、「赤」だと思い込んでいる人がほとんどだ。

ライマン・フランク・ボーム作の小説『オズの魔法使い』（原題は『オズの素晴らしい魔法使い』The Wonderful Wizard of Oz）は、1900年にアメリカで初版が刊行され、その後2年間にわたってベストセラーに輝いた児童書である。40数カ国語に翻訳され、**世界の出版史上もっとも成功した作品の1つ**とみなされている。

ボームは、オズの国を舞台とする合計13作の続編を世に送り出し（「オズ」シリーズ最終巻は、ボームの死後に出版）、彼の死後もさらに多くの続編が他の作家によって書き続けられた。シリーズ第1作のミュージカル化に向けて、脚本を書いたのもボーム自身である。

このミュージカルも大ヒットし、1903年から翌年にかけてブロードウェイの舞台でほとんど切れ目なくくり返し上演された。

そのとき新たにできた短いタイトルが、『オズの魔法使い』（The Wizard of Oz）である。

この新タイトルで、1939年に「MGM」社によって映画化されると、作品はミュージカル映画に生まれ変わり、さらに知名度を高めた。監督は名匠ヴィクター・フレミング、主役ドロシーを演じたのはジュディ・

ガーランド。

　2009年、アメリカ議会図書館は「史上もっとも多く鑑賞された映画」として本作を選出している。

　ただ、制作に莫大な費用を投じたため、公開当時の興行収入が記録的な額となったにもかかわらず、商業的には不成功に終わった。その年のアカデミー作品賞を獲得することもできなかった。同じ年に公開された大ヒット作『風と共に去りぬ』が作品賞を含む9部門を総なめにしたからだ。

　それでもなお、『オズの魔法使い』が不朽の名作であるのは、1956年以来アメリカで毎年かかさずクリスマス番組としてテレビ放映されていることからもわかる。この作品は、**テレビ史上もっとも多く放映された映画**でもあるのだ。

　ドロシーの靴は、映画化されたときに赤色に変わった。プロデューサーのマーヴィン・ルロイが何としても靴を目立たせたかったからだ。『オズの魔法使い』はテクニカラー技術（総天然色）を採用した初期の作品であり、当時の技術で処理できる色はかぎられていた。

　新技術を駆使した制作だったため、**俳優たちは半年間もの撮影期間中、危険な環境に身を置く**ことになる。照明装置で撮影セットが38℃という高温になったあげく、装置が発火して火事が起き、「西の悪い魔女」役の女優マーガレット・ハミルトンは重度の火傷を負った。

　また、出演者たちのメイクに使われたカラフルな塗料があまりに有害な物質を含んでいたため、撮影中の食事はすべてストローですすり込む流動食。さらに、当初「ブリキ男」役を演じていた男優バディ・イブセンは、ブリキのメイクに使用されたアルミ粉を吸い込んだために重篤なアレルギー症状を起こして降板した。

ライマン・フランク・ボームは、1919年、この映画化が実現するはるか前に死去。別の（売れなかった）作品では、ハリウッド映画にもプロデューサーとしてかかわっていたのだったが。いずれにしても、プロデューサーとして働いた映画制作の現場が、ボームの人生における最後の職場となった。

　ボームが経験した職種は実に多彩だ。高級チキン専門の養鶏業、新聞の編集者、劇団の座長、雑貨屋の店主、旅回りのセールスマン、衣料品会社の事務員などなど。そしてもちろん、50冊以上もの作品を著した小説家でもある。

　ただし、その多く（「オズ」以外の作品）はいくつかの女性ペンネームを使って——たとえば、エディス・ヴァン・ダイン、ローラ・バンクロフトなど——発表された。

　また、『オズの素晴らしい魔法使い』を出版した1900年には、『The Art of Decorating Dry Goods Windows and Interiors』というタイトルの実用書（ショーウィンドウにマネキンを使った商品ディスプレイをするためのマニュアル本）も出版している。

　しかし、ボームの名前が今後もずっと記憶に残るとすれば、それは他でもない「オズ」シリーズの原作者としてであろう。

映画では確かに赤い靴だった

世界大恐慌（1929年）のアメリカで、自殺を図ったのは？

「暗黒の木曜日」と呼ばれたあの日に起こったこと。

……投身自殺が2名。その**どちらも投資家ではなかった。**

1920年代、アメリカ経済は過去最高の活況を呈していた。この繁栄の時代、何百万ものアメリカ人が株式に投資を始めた。株式の価格は年々上昇し、投資家たちは実際に大幅な利益を上げていたが、その方法はいわゆる「信用取引」にもとづくものだった。つまり、これから買う株価（の上昇分）を担保に、株そのものを買うのに必要な金を借り入れて株式を取得するという方法である。

まさに典型的なバブル経済だった。そしてついにバブルが崩壊したのが「暗黒の木曜日」と呼ばれる1929年10月24日。株価の大暴落が起きたこの日、たった1日で140億ドル（約1兆5,000億円）が泡と消えた。ウォール街にパニックが起き、またたくまに大勢の人々が株の売却を開始したため、このすさまじい取引ペースにニューヨーク証券取引所は対応することができなかった。

最初の大暴落（訳注：壊滅的な下落は、この後の月曜日と火曜日に起こった）から数時間のうちに、多数の報道陣がウォール街を駆けずりまわり、損害をこうむった投資家たちが次々に超高層ビルから飛び降り自殺をしたというニュースを追いかけたという。

しかし翌日の『ニューヨーク・タイムズ』紙は、こう報じている。「まったく根拠のないデタラメな噂が合衆国全土に広がっている。すでに11人

の投資家が自殺したという事実無根の話を信じる人々も多く、また、ある男性がウォール街のビルの屋上で作業していると、今にも飛び降りようとする投資銀行家ではないかと勘違いした人たちが大勢集まり、路上に大きな人だかりができたために一時は騒然となった」

　お笑い芸人たちは、即座にこうしたデマ騒ぎをネタにしはじめた。アメリカのコメディアンで俳優、ウィル・ロジャーズも例にもれず、彼独特の小気味いいジョークを1つ残している。
「どこかの窓から飛び降りようにも、窓の真ん前まで長蛇の列ができてたから、まずは皆おとなしく並んでいなくちゃならなかった」

　たしかに、大暴落の後の2週間は大パニックが起こり、人々の不安が計り知れないほど高まっていた。しかし、ニューヨークの検視局長は、その時期の自殺者数は前年の同時期と比べて減っていると発表した。
　カナダ出身の経済学者ジョン・ケネス・ガルブレイスも、このことを裏づける内容を権威ある経済史テキスト『The Great Crash』（1955年初版、最新の日本語版は『大暴落1929』〈日経 BP クラシックス〉）に書いている。
「株式市場の崩壊後に自殺者が急増したといわれたが、これもまた1929年に広まった**伝説の一部**にすぎない。実際には、1人の自殺者も出なかった」と。

　当時の自殺を記録した書類の精査が1980年代に実施され、ニューヨークでは1921年から1931年にかけて、高所からの飛び降りは2番目に多く用いられた自殺手段であったことが確認されている。
「暗黒の木曜日」からその年の年末までに、合計100件の自殺および自殺未遂事件が『ニューヨーク・タイムズ』紙で報じられたが、このうち大暴落と関係があった飛び降り自殺は4件、ウォール街で起きたのはわ

ずか2件だった。

少なくとも2名は本当にウォール街で飛び降り自殺したのだが、2人の自殺は（大暴落の当日でも翌日でもなく）11月に入ってからだった。

1人は、ハルダ・ボロウスキーという名の51歳の女性。彼女は証券会社の事務員だった。「夜遅くまで残業続きでヘトヘトだ」とこぼしていたという。

もう1人は、ジョージ・E・カトラーという名の青果物卸売業者。彼は経営者として成功していたが、当時、雇っていた弁護士と直接会うことができず、その不満が高じて、弁護士事務所のあったビルの7階から飛び降りた。

けれども一般的にいえば、たしかに不景気によって自殺者は増えるものだ。1929年の大暴落に続いて起きた世界大恐慌のさなか、アメリカとイギリスの自殺率は30％増加したし、そのパターンはもっと最近の景気低迷時にもくり返されている。

ヨーロッパの26カ国について調査が行われ、その結果が2009年に医学雑誌『ランセット』で発表された。

それによると、**失業率が1％上がるごとに自殺者の数は0.8％増加する**という。

2008年の世界金融危機が起きて間もなく、アメリカの心理学者たちはこうした現象を表す新しい言葉さえ考案している。

彼らはこれを「econocide（エコノサイド）」と名づけている（訳注：「経済」を意味するeconomyと「自殺」を意味するsuicideを合わせた造語）。

ミッキーマウス主演の
はじめての映画は？

よくテレビなどで紹介されるのは『蒸気船ウィリー』。

1928年11月18日公開の『蒸気船ウィリー』ではない。
——ウォルト・ディズニー・カンパニーは、この公開日をミッキーの正式な誕生日として祝っているが。

実は、ミッキーマウスのアニメ映画2本が、その年の5月と8月に制作されている。

1本目のタイトルは『プレーン・クレイジー』。この中で、ミッキーはアメリカの飛行士チャールズ・リンドバーグの真似をして、飛行機をつくったり操縦に挑戦したりする。

ところがフライト中、ミッキーは一緒に乗ったミニーマウスに無理やりキスをしようとするばかりで操縦はそっちのけ。とうとう飛行機は墜落してしまった——というストーリー。

2本目の作品『ギャロッピン・ガウチョ』の舞台はアルゼンチン中央部の広大な平原パンパスにある、1軒の酒場。その店で、ミッキーはタバコを吸い、酒を飲み、タンゴを踊り、そして、色っぽい女性バーテンダー「ミニー」の気を引こうとして、ならず者のブラック・ピートと一戦を交える。

この2作でミッキーは、その後の純真無垢なキャラクターとは真逆の、今でいう「ちょいワル」として描かれていた。しかし配給元に相手にされず、興行成績はパッとしなかった。

さて、話はミッキーマウスの誕生にさかのぼる。

　ウォルト・ディズニーと、その友でありチーフ・アニメーターだった
アブ・アイワークスは、2人にとって最初のキャラクター「オズワルド・
ザ・ラッキー・ラビット（しあわせウサギのオズワルド）」を主人公とす
る短編アニメシリーズの大成功を喜び合っていた。

　『オズワルド』シリーズの配給元はユニバーサル・ピクチャーズだった
が、あるとき、ディズニーが制作予算の増額を要求すると、ユニバーサ
ル側は法外な配給手数料を提示し、制作予算は実質20％カットされる事
態となった。

　交渉の結果、ディズニーは手ぶらで──『オズワルド』の権利を買い
戻すこともできず、制作スタッフも引き抜かれ──ユニバーサルを去る
ことになる。アイワークスだけを連れて。

　再出発を決意した2人は、犬、猫、馬、牛など動物を図案化したキャ
ラクターづくりを次々に試していく。

　そしてある日、ディズニーはひらめいた。子どものころに住んでいた
ミズーリ州の農場で飼っていたネズミを思い出したのだ。

　「モーティマー・マウス」と名づけられた新キャラクターは、ディズニー
の妻リリアンの提案で、「ミッキー」と改名。こうしてミッキーマウス
が誕生した。

　しかし最初の2作品では、ミッキーは（著作権の問題がからんでいたらし
く）ウサギのオズワルドにそっくりで、そのため人々のハートを射止め
ることができなかったようだ。

　ディズニーがとった打開策は、技術的な面で大きな一歩を踏み出すこ
とだった。そして、この画期的な演出手法が、その後の彼のアニメ映画
のもっとも大きな特徴となる。3作目のミッキーマウス短編アニメ『蒸

気船ウィリー』では、場面の転換や物語の進行にシンクロさせた効果音や音楽を録音したのだ。

　世界初の長編トーキー映画『ジャズシンガー』（アル・ジョルソン主演）が公開されてまだ1年しかたっていなかったことを考えれば、これは実に大胆な試みだった。

　その後、ウォルト・ディズニーは数々の傑作を手がけ、映画史上もっとも多くの賞を獲得した映画制作者となった。

　アカデミー賞についても、個人受賞最多記録（受賞26回、ノミネート59回）を保持している。

　ミッキーマウスは彼の人生にとって守護神のような存在だったし、1929年から1947年までは**彼自身がミッキーの声を演じていた**。ディズニー社の従業員の1人が「ミッキーの体はアブがデザインしたけど、心はウォルトが吹き込んだ」と語っている。

　ちなみに、ディズニーの生涯は、本人が好んで表現していた健全で幸福な人生とはほど遠いものだった。

　睡眠薬とアルコールへの依存、強迫神経症的な過剰な手洗い、性的不能、不眠などに苦しみ、そのために妻のリリアンとの結婚生活も大きな負担になっていた。

　一度などは、彼自身が冗談まじりに「**僕はミッキーマウスを愛している。今まで出会ったどの女性よりも**」と話したという。

絵はがきは何のために
考案された?

今でも骨董品店などで、古い絵はがきが売られています。

観光地のお土産用ではなく……手っ取り早い連絡手段だった。

絵はがきは、**エレクトロニクス時代が到来する前の電子メールのようなもの**で、個人と個人が情報を交換し合う最初のメディア、すなわちコミュニケーション・ツールだった。

1905年から1915年にかけて、毎年およそ7億5,000万枚の絵はがきがイギリス国内でやりとりされた。**1日に200万枚以上も投函された**ということになる。

毎日かならず1回の配達があったから、午前中にはがきを出せば翌日の夕方までに相手に届くので、会う約束を決めたり、ちょっとした用を確認することもできた。

「絵はがきの時代」が始まったのは1870年代、ヨーロッパ諸国およびアメリカ合衆国の郵政事業がプリペイド式の郵便はがきを発行し始めたときだ。

そして遅くとも1890年代には、民間の印刷業者が独自のはがき生産を開始した——はがきの表にはさまざまなイラストや写真を、裏には「郵便はがき（Post Card）」の文字だけを印刷して。

1901年から1907年までの6年間は、絵はがきの生産枚数が半年ごとに倍増。

当時の爆発的なブームは「postal carditis（郵便心臓炎）」や「postcard

mania（絵はがき熱狂症）」と呼ばれた。こうした現象が起きた背景として3つの要因が考えられる。

1つは、印刷技術の進歩により、高品質のカラー画像を大量に安く印刷できるようになっていたこと。

もう1つは、すでに効率のいい郵便システムが確立していたため、送料が安かったこと（合衆国では1セント、イギリスでは1ペニー）。

最後の1つは、格段によくなった公共交通機関。鉄道網やバス路線が整備され、以前よりはるかに多くの人々が日常的に遠出したり、ときには見知らぬ土地へ冒険旅行にも出かけるようになっていた。

また、このころは各地で大々的な定期市や博覧会が催された時代でもある。

この時代の「驚異の景観地」、たとえば（電気技術がパリの夜景を彩る）エッフェル塔や、西ロンドンのホワイトシティで1908年に開かれた仏英博覧会（訳注：1910年には、ここで日英博覧会も開かれた）、ニューヨークのコニーアイランド地区に建ち並ぶ大型遊園地などを訪れた人々にとって、絵はがきほど完璧な「旅の証明」はなかったということだ。

1906年のとある1日には、コニーアイランドだけで20万枚もの絵はがきが投函されたという。

絵はがき収集は、世界でナンバーワンの「余暇の楽しみ」になったのだ。

今も昔も変わらないのが、新しいものが流行ったときの人々の反応だ。電子メールと同様に、絵はがきが非難の的になることがたびたびあった。

アメリカの風刺作家ジョン・ウォーカー・ハリントンが、"絵はがき熱狂症"について1906年3月号の雑誌『アメリカン・マガジン』に意見

を寄せている。

「こうした兆候に歯止めをかけずにいると、現在のところはまだ正常な生活を送り、かつ、申し分のない趣味を持つ何百万もの個人までも、**一時的な脳の退化という被害を受けることになる**だろう」

　アメリカの絵はがきの75％がドイツで印刷されていたことから、第1次世界大戦の勃発によってドイツの印刷産業は壊滅。この大戦と、そして電話の普及が、絵はがきの黄金期を終息させた。

PARIS. — La Tour Eiffel et Panorama sur la Seine.

約100年前の電子メールだった

紙のお札は何でできている?

木材ではないのか?

「金のなる木はない」ということわざがあるが、まさにそのとおり……比喩的にも、実際にも。

紙は圧縮木材パルプからつくられるが、**「紙のお札」は、綿または麻**（ときに「ラグペーパー」と呼ばれることもある）**からつくられる。**

木材パルプ同様、綿や麻の繊維にも酸は含まれているが、その量が木材パルプよりはるかに少ないため、変色も摩耗もしにくい。さらに強度を増すために、この繊維にゼラチンを注入するという。

この、いわゆる「非木材パルプ」が今でもイギリス・アメリカ・EU諸国の紙幣の原料として使われている（訳注：日本の紙幣は「みつまた」という古来から和紙に使用されてきた花木、マニラ麻などを使っている）。こうした**お札の寿命は、平均すると2年程度**らしい。

1988年、オーストラリア連邦科学産業研究機構（CSIRO）は、数年に及ぶ研究と実験の末に、ポリプロピレンという合成樹脂でできた紙幣を開発。これは、従来の紙幣より耐久性があり、なおかつ、特殊ホログラムのような防犯措置を組み込みやすい材質なので、偽造されにくいという。

現在では、ニュージーランド、メキシコ、ブラジル、イスラエル、そして北アイルランドのノーザン銀行なども、こうしたプラスチック製の紙幣に切り替えている。

さらに2005年には、ブルガリアが世界初のコットン・ポリマー・ハイブリッド製の紙幣を使いはじめた。

　最初につくられた紙のお札には、たしかに木材パルプが使われていた。

　11世紀の中国、宋王朝の時代に、金貨も銀貨も持ち歩くには重くなりすぎたころのこと、「約束手形」というものが発行されるようになった。これは、紙片を持っている者の要求に応じて、その紙片に書かれた額に相当する金貨か銀貨が支払われることを保証する、いわば「有価証券」のようなもの。

　この約束手形は、乾燥して染色されたクワの樹皮を原料とする紙でできていて、表に正式な押印と署名があった。「便利なお金」と呼ばれることもあったらしい。

　ところで、非金属製の通貨が最初に中国で使われたのは、これより数百年前の唐の時代、四川省においてだったと考えられている。

　このように国家が額面を保証するというのが、それぞれの国の紙幣発行の原理である。過去には、個人や民間の銀行も約束手形を発行することが可能だったために、保証問題が発生することがあったという。1660年、スウェーデンの中央銀行の前身、ストックホルム銀行が、ヨーロッパではじめて紙製の銀行券を発行したが、4年後には正貨と引き換えるための硬貨が不足して倒産した。

　危機に直面すると、綿でも通常の紙でもない材料を使った緊急貨幣が発行されることもよくある。

　1574年、オランダが、侵攻するスペイン軍から国家の独立を回復しようと苦戦していたとき、南ホラント州ライデンの町は、祈祷書の表紙か

らつくった厚紙のコインを発行。さらに19世紀後半、まだロシアの植民地だったアラスカでは、銀行券がシールスキン（訳注：アザラシやオットセイの毛皮）に印字され、さらにアフリカでは、ボーア戦争中の1902年、**カーキ地のシャツの切れ端が紙幣代わりに使われた**そうだ。

　ときには、紙幣の価値がその発行コストを下回るほど下落することがある。第1次世界大戦後のドイツとオーストリアで起きたハイパーインフレーションの結果、1922年には、すでに1クローネ金貨1枚には14,400クローネ紙幣（重さにすると、15キログラムもある札束）の価値があるという事態になっていた。

　こうした状況のもと、人々はトランプのカードを使ってそれぞれ独自の通貨をつくり出したという。

ニュージーランドのお札はプラスチック製

19世紀初頭、漁師たちは クジラを殺すのに何を使った？

銛を打ち込むイメージだが？

銛ではなく、槍を使っていた。

　初期の捕鯨船で使われていた銛は、クジラを殺す武器ではなく、クジラに綱を固定させるための道具だった。

　銛を投げる大役を任された（今でいう）砲手は、出番がくると船の漕ぎ座にくり抜かれたクリートの中に片方の膝を突っ込み、もう一方の足で船床を踏みしめて立ち、勢いよく銛をクジラの体に投げつける。クジラまでの距離は、長くて6メートルほど。投げられた銛に引かれて海に飛び出すのは、銛の柄に結わえ付けられた長さ150尋（約275メートル）の舫い綱だ。

　この綱には、あらかじめ動物からとった油脂を塗り込んであるので、引っ張られればスルスルと解ける。クジラが見つかるまでは、甲板に置いた大きなバケツの中にトグロを巻いた蛇のように収めておく。でもたまに、引かれた勢いで摩擦熱が出ると燃え始めることもあるので、ときどき水をかけて常に湿らせておかなければならない。

　綱が限界まで引き出されると、いよいよ漁師たちのお楽しみ「ナンタケット式ウォーター・ライド」の始まりだ。これは、簡単にいえばクジラに曳航されるプレジャーボートである。

　最高スピードは時速42キロと、当時の船乗りが体験しえなかった速度だ（ナンタケットは、アメリカのマサチューセッツ州ケープコッド沖に浮かぶ

島で、19世紀には北大西洋随一の捕鯨港だった）。

　そうして何時間もたつと、やがてクジラは力尽きて速度を落とす。そこで漕ぎ手たちはまた船を漕ぎ出し、十分にクジラに近寄ったところで、やおら立ち上がった船長が砲手と入れ替わって位置につき、槍のひと突きでクジラにとどめを刺す（槍でクジラを仕留めるのは、船長だけの仕事だった）。

　しばらくすると、漁師たちが「煙突が火事だ！」と叫び声を上げる。これは、クジラの噴気孔つまり潮吹き穴から血が噴出し始めたから、「もうそろそろ終わりだ」という意味である。

　息絶えたクジラは、その後、母船の脇に引き寄せられ、甲板から身を乗り出した漁師たちに（柄の長い道具で）皮を剥がれ、肉を切り分けられる。こうした作業はだいたい、血のにおいを嗅ぎつけて群がってくるサメとの競争になる。クジラの脂身は、サメの好物なのだろう。獲物がどんどん切り刻まれる間に、サメたちは我先にと脂身ばかりを食いちぎる。

　泳ぎ回るクジラに銛を打ち込むのは極めて危険で、なかば命がけの仕事だったことから、ノルウェーでは、独身の男しか砲手になることが許されていなかった。こうした状況が変わったのは、1868年、ノルウェーの技師スヴェン・フォインによって捕鯨大砲が発明されてからだ。

　大砲があれば、大きな蒸気船の甲板から（安全に）いとも簡単にクジラを仕留められる。この発明によって、世界の捕鯨産業は様変わりした。より速く遊泳するパワフルな種のクジラ、たとえばシロナガスクジラのようなナガスクジラの仲間も捕獲することが可能になったのだ。

　ところで、ナガスクジラは絶命するとすぐに沈み始める。そこで、その巨体を海面に浮かばせておくために、仕留めたクジラにもう一発発射して空気を注入するタイプの捕鯨砲が間もなく開発された。

シロナガスクジラは、捕鯨産業にとってもっとも大きな利益をもたらす種のクジラになった。なにしろ、体長27メートルのクジラ1頭から、1万5,900リットルもの油が採れたそうだ。こうして1930年代には、すでに毎年のように3万頭以上が殺されるようになっていた。

　1970年代に、国際捕鯨委員会（IWC）がシロナガスクジラの捕獲を禁止したとき、その個体数は**1880年時点の推定18万6,000頭から5,000頭弱まで減少**していたという。

　アメリカの小説家ハーマン・メルヴィルの代表作『白鯨』（1851年刊）の主人公は、白いマッコウクジラの「モビィ・ディック」。この名前は、実在した「モカ・ディック」という名の珍しいアルビノ（メラニン色素不足）のマッコウクジラにちなんで命名されたといわれている。

　モカ・ディックは、南米チリのモカ島近海で遊泳しているのをよく目撃されたそうだ。白いクジラという点でも目を引いたが、加えて、体に何十本もの銛が刺さっていたことから、1830年代から40年代にかけて、少なくとも100回以上のクジラ漁師との戦いを生き抜いてきたツワモノだと評判になったという。

　2007年、アラスカの捕鯨船乗組員が1頭のホッキョククジラ（訳注：シロナガスクジラに次いで大きい、体重100トン以上もあるクジラ）を捕獲した。その解体中に脂身から発見されたのが、なんと1880年代製造と思われる捕鯨砲の破片だった。ということは、その**ホッキョククジラは、死んだときに130歳をゆうに超えていた**ということになる。

世界初の郵便ポストの色は?

郵便ポストといえば赤い色。

赤色ではなかった……。

世界の郵便事業の歴史は国連より古く、**世界初の切手「ペニー・ブラック」**は1840年にイギリスで発行された。

社会改革者であり（のちに）郵政局長も務めたローランド・ヒル卿がペニー・ブラックを導入するまで、イギリスでは手紙を送る側ではなく受け取る側が郵便料金を支払っていた。また、下院議員たちには、「frank（無料配達）」の印を押せば無料で手紙を出せるという特権もあったという。

世界初の郵便番号システムを導入したのも、ローランド・ヒル卿だ。彼はロンドン市内を10地区に分けて、それぞれに方位を表すアルファベット1文字または2文字のコードを割り振った。その10地区は、EC（Eastern Central）、WC（Western Central）、NW、N、NE、E、SE、S、SW、W。すべて、ロンドン中心部から半径12マイル以内の範囲に位置していたという。現行の郵便番号システムは、1966年、ロンドン南部のクロイドンで導入されたものだ。この導入により、番号によって市内郵便と市外郵便が仕分けされるようになった。

さて、その世界初の切手、ペニー・ブラックはいまや1枚で100ドル（1万円）以上の値がついている。現存する総枚数からいえば、これほどの売り値がつくのは考えられないことだが、実は、人為的に蒐 集 家たち

が値を釣り上げているらしい。要するに、ペニー・ブラックの価値を上げるために、世の切手コレクターたちの中には何百枚も保管しておいて、非常にゆっくりと（切手の）市場に出す人がいるということだ。

　ところで、**世界でいちばん価値の高い切手は、スウェーデンの「トレスキリング・イエロー」**といわれている。1996年にチューリッヒで行われたオークションで、なんと288万スイスフラン（およそ3億2,000万円）の高値がつき、さらに2010年には、ジュネーブのオークションで（入札した人が皆、秘密厳守を誓ったために）非公開の金額で売れた。仮に、この切手が印刷された紙が量り売りされる商品だったら、1キロあたり550億ポンド（約8兆円）で売れるということだ。

　希少価値のある切手としてもっとも有名なのは、「英領ギアナ1セント・マゼンタ」。これは1980年に最後に売買されて以降、現在までずっと金庫に保管されている。持ち主は、アメリカ人切手蒐集家ジョン・デュポン──デュポン財閥の資産相続人の1人だ。現在、彼は殺人の罪で終身刑に服している。（訳注：デュポンは2010年12月に、72歳で肺疾患により死亡。2014年6月に、英領ギアナ1セント・マゼンタは切手の売却最高額948万ドル〈約10億5,000万円〉で落札された。）

　イギリス発行の切手でいちばん高価なのは、1864年に第77プレートで印刷された「ペニー・レッド」。
　当時、第77プレートに欠損箇所があったため、数枚の出来損ないのペニー・レッドが出回り、今では、6枚しか残っていないといわれる。
　そのうちの1枚は大英図書館所蔵の「タプリング・コレクション」に収められている。ちなみに、その価格は12万ポンド（約1,800万円）。

最初の郵便ポストが設置されたのは、ジャージー島だった。

　これは、19世紀ロンドン生まれの小説家アンソニー・トロロープのおかげだといわれている。前述のヒル卿が、郵便局に勤務していたトロロープをチャネル諸島（訳注：イギリス海峡南部にある英領諸島。ジャージー島も含まれる）に派遣し、島々で局員が郵便を回収する最善の方法を調べさせたのが事の始まりだった。

　島をめぐる郵便物定期船が、いつも定刻どおりに到着しないため、なにか工夫が必要だった。トロロープは、「手紙を受け取る柱」を立てようと提案。柱に取りつけた箱に郵便を入れておけば、船がいつ来ても大丈夫、という寸法だった。

　1852年11月にはじめて立てられた箱は、オリーブグリーン色だったという。これが大変うまくいったので、郵政局は全国に箱を設置することにした。

　ところが1874年には、あまりにも多くの歩行者が緑色の箱にぶつかることから、もっと目立つ赤色の箱がいいだろうということになった。

　（イギリスの郵便事業を一手に引き受けている）ロイヤル・メール社は、今でも会社のロゴマークに「円柱形郵便ポストの赤色」を使っている。

ヨーロッパ人口の3割を
殺した黒死病は……。

今なら「不潔さ」がいちばんよくないとわかるが……。

　黒死病の流行で、**人々が忌み嫌ったのは魔女でもネズミでもない。**そもそも、腺ペスト（訳注：14世紀にヨーロッパで猛威をふるった伝染病。皮膚が黒くなって死んでいくことから「黒死病」と呼ばれた）の原因がネズミであると判明したのは、1898年のことだ。

　流行直後に、**人々が徹底的に避け始めたのは水**（または湯）に触ることだった。

　中世のヨーロッパには、「終わりなき腐敗の時代」という悪名もついたほど、汚れたイメージがある。

　だが、実は、当時のどこの都市や町にもかならず大衆浴場があった。温水と湯気ばかりでなく、食べ物やワインや、「その他のサービス」まで提供する豪勢な浴場もあったという。

　こうした浴場は恋人たちの密会に最適な場所となり、ほとんど高級娼館と呼べるような施設へと変貌したものもあった。

　こうして、ほぼ400年間は、湯につかることも全身を洗うことも、こっそりとだろうが大っぴらにだろうが、人間としてごく普通のことであり、また望ましいことでもあるとみなされていた。

　この習慣を変えたのが、黒死病である。

　1347年から1350年にかけて、2,500万人（ヨーロッパの総人口の3割）もの命を奪った伝染病だ。当初は、発生源も感染経路もわからなかった。

ところが1348年、パリ大学の医学研究グループの1つが、黒死病の原因に関する公式見解を発表。

「原因は大気中の有害物質にあり、それが鼻や口や、そして皮膚の毛穴から体内に侵入する」と。

　突如として、風呂につかるのは自殺行為とみなされるようになる。なんとしても、水に入ることは避けなければならない。浴場は即時閉鎖。

　その後の300年間、**ヨーロッパ中のほぼすべての住民が入浴を完全にやめてしまった。**

　この新しい理論から導き出された予防策は、できるだけ毛穴をふさぐということになる。そんなわけで、それまで風呂で洗い流していた体内からの排出物は、保護膜として働く重要なものに変わった。

　厚い膜ないし層ができれば、それだけ有害物質の皮膚からの侵入を防ぐことができるという理屈である。

　油脂、パウダー、香料などが体臭を抑えるために使われ、髪もよほどの場合にしか洗わず、ほとんどブラシをかけてパウダーをはたくだけだった。結果、階層や職種に関係なく、あらゆる人々の頭と体がシラミやノミだらけになっていた。

　そして、各国の君主も皆、臣民以上に不潔だった。

　16〜17世紀イングランド国王ジェームズ1世は、**生まれてこのかた手の指しか洗ったことがない**と公言し、17世紀フランス国王ルイ13世にいたっては、さも自慢げに「脇の下のにおいが自分でわかるぞ」と語ったという。狂気の沙汰は、ここで終わらなかった。

　水の代わりに使われるようになった「魔法の洗浄剤」とはいったい何だったか、想像できるだろうか？　アルコール入りのスプレー？　軟

膏？　——いいや、正解はなんと「麻」。

　17世紀初めから18世紀末まで、人々は麻を使って体を「清めた」という。

　清潔な麻には不思議な力があって、それを身につけてさえいれば、体についている泥や汗をすべて吸い取ってくれる——ちょうど、植物が土から養分を吸い取るように——と考えられていたのだ。

　というわけで、「太陽王」と呼ばれたフランス国王ルイ14世は、入浴する代わりに、1日に3回シャツを着替えた。紳士の身分が、所有する麻シャツの枚数で決まったのだ。

　18世紀の終わりに、薬湯の効能が見直されるようになると、ようやく水は社会的地位を取り戻し始める。

　イングランドでは、冷水に飛び込めばほぼなにもかも治るという話で持ちきりになったという。

　ちなみに現代においてもペストは根絶されておらず、アフリカや南米の国々などで感染者が確認されている（訳注：日本では1927年以降、感染の報告はない）。

「自然・地理」

PART

5

世界は頭の中よりずっと広い！

オレンジは何色？

オレンジ色だからオレンジなのでは……。

オレンジ色とはかぎらない。

多くの国に緑色のオレンジがあり、しかも、それは熟していないのではなく、完熟のオレンジとして普通に店で売られている。同じように、レモンやマンゴーやグレープフルーツにも緑色のものがある。

オレンジの原種は野生していない。タンジェリンオレンジとザボン（薄緑色または黄色の果実）をかけ合わせて栽培されたもので、原産地は東南アジア。最初に品種改良された当時も、そして今も、この地方で栽培されるオレンジは緑色だ。ただし、ベトナム産オレンジとタイ産タンジェリンは外側だけが鮮やかな緑色で、内側はオレンジ色をしている。

オレンジは亜熱帯植物であって、熱帯植物ではない。その果皮の色は、育つ場所によって違う。温暖な気候では、気温が下がる時季に緑色からオレンジ色に変わるが、年間を通して暑い国々では、クロロフィル（葉緑素）が破壊されないので果皮は緑色のままだ。たとえば、中米のホンジュラス産オレンジは、**国内では緑色のまま食べられるが、輸出用は人工的にオレンジ色に加工される。**

これに使われるのが、エチレンガスである。このガスは石油産業の副産物で、おもに、プラスチック製造に利用されている。エチレンは世界でもっとも幅広く生産される有機化合物で、毎年、1億トンもつくられている。このエチレンガスが、オレンジの果皮のいちばん外側にある緑色の層を取り除き、おなじみのオレンジ色が透けて見えるようにするの

だ。

　現在、世界一のオレンジ生産国はブラジル（年間に1,800万トン）で、その次はアメリカ合衆国だが、合衆国の生産量はブラジルの半数にも及ばない。

　この米国産オレンジのほとんどが、1955年に食品医薬品局に禁止されるまで、**合成着色料できれいなオレンジ色に染められていた。**

　どこの生産地で採れたオレンジだろうと、その甘熟度を色で判別することはできない。収穫されなかったオレンジは、次のシーズンまで枝についたままだが、そのあいだに気温の変化があれば、果皮は緑色からオレンジ色になり、その後でまた緑色に戻ることもある。ところが、これによって果肉の質も風味も変わることはないのだ。

　スーパーマーケットに並ぶオレンジがあまりにも完璧なオレンジ色をしているので、かえって「もしかしたらガスのせい？」と不安になるかもしれないが、心配ご無用。エチレンは無味無臭なうえに無害、しかも、多くのフルーツや野菜から（収穫後に）自然に出ているガスでもある。

　よくエチレンガスを出すのは、リンゴ、メロン、トマト、アボカド、バナナなど。人体には無害だが、このガスは他の種類のフルーツや野菜に影響を与える場合がある。

　だから、リンゴやバナナは、たとえばレモンやニンジン、そしてもちろんオレンジなどとは分けて保存したほうがいい。

　この作用を利用して熟していないマンゴーを簡単に手早く追熟する方法がある。**ビニール袋にマンゴーとバナナを一緒に入れておくだけでいいのだ。**

アフリカ大陸の最南端はどこ?

地理の授業で教わったのは喜望峰。

　実は、喜望峰ではない。
　アフリカ大陸の最南端は、喜望峰よりはるかに無名なアガラス岬というところだ。この岬は、喜望峰から南東へ150キロメートルくだったところにある。

　喜望峰が(この名前とともに)有名になった理由として、よく引き合いに出されるのは船乗りたちの心理的な側面である。極東を目指してヨーロッパを出発した船乗りたちが、延々とアフリカ大陸の西岸沿いを南下し続けた末に、ついに針路を東へ変えることができるポイントがこの喜望峰だったということだ。
　その一方で、今でいう「マーケティング・スピン」(訳注:特定の個人や団体に有利になるように、出来事の一部や偏った内容を宣伝すること)のような位置づけだった可能性もある。

　15世紀ポルトガルの航海者バルトロメウ・ディアスは、ヨーロッパ人として初めて南アフリカ沿岸を巡る苦難の航海を成し遂げたとき、この岬を発見して「嵐の岬」と名づけた。しかし、ディアスの雇い主であるポルトガル国王ジョアン2世は、国益につながるインド航路がついに開かれたとして、この新たな貿易ルートを象徴する岬を「喜望峰」と改名した。
　国王は40歳で死没。子どもはいなかった。バルトロメウ・ディアスが

海難死したのは、それから5年後。ブラジル探検に随行したおりにひどい嵐に見舞われ、4隻の艦隊と乗組員すべてとともに、みずから命名した岬の沖合で命を落とした。

アガラス岬も同じく危険な海域に面している。この名前はポルトガル語で「針の岬」という意味だ。荒れ狂う海面下に鋭く切り立った岩と暗礁がたくさんあることから、こう呼ばれるようになったという。

近くの町には難破船博物館があり、「船の墓場」とも称されている。険しい岩が多く、海からも陸からも人の近づきにくい海岸であるため、岬の一帯は野生生物の宝庫だ。

陸上には、絶滅危惧 IA 類のマイクロフロッグ（極小のカエル）や、派手に羽をパタパタ鳴らして求愛行動をするヒバリの一種のアガラスクラッパーも生息している。

沖合は、5月から8月にかけて、海面近くを泳ぎ回る数十億匹もの南アフリカイワシでわき返る。

このイワシの大群は、地球上の生物が形成する最大の群れの1つであり、陸に生息するウィルドビースト（訳注：ヌーとも呼ばれるウシ科の動物）の大群に匹敵する。

群れの広がりは、長さ6キロメートル、幅2キロメートルまで達することもある。何十万という個体数のサメ・イルカ・アザラシや海鳥がイワシの群れを追いかけて移動し、食べまくるが、イワシの群れ全体の数にほとんど影響を与えることはない。

アガラス岬は、岬を通る子午線（東経20度）で大西洋とインド洋が分かれているポイントだ。ただし残念ながら、ことさら絶景でもない、ゆるやかに曲がる海岸線が延々と続いているだけの場所である。

いちばん大きい湖は
どこにある？

地球上でいちばん大きいのはカスピ海だが。

8億4,200万マイルかなた。……**太陽系のほぼ真ん中**あたり。

2007年、宇宙探査機カッシーニ・ホイヘンスが撮影したタイタン（土星の第6衛星で、太陽系では2番目に大きな衛星）の写真によって、この衛星の北極近くに巨大な湖があることがわかった。

その大きさは、38万8,500平方キロメートルと見積もられ、地球最大の湖であるカスピ海（面積37万0,400平方キロメートル）をはるかにしのぐ。

この湖は、クラーケン・メア（Kraken Mare、日本語では「クラーケン海」）と名づけられた。クラーケンは、古代スカンジナビアの神話に出てくる海獣の名前だ。

タイタンには多くの湖があり、それらは地球の外にある安定した液体の集合体として（現在、知られているかぎりでは）唯一のものだ。ただし、その液体は水ではない。タイタンの平均温度は摂氏マイナス180度なので、水なら凍結した個体になる。この衛星にあるのは液体ガスの湖、つまり液体のメタンやエタン（地球上では天然ガスの主成分）が溜まった湖なのだ。タイタンの湖は極めて低温なので、もしかするとメタンの氷山というのも存在するかもしれない。

タイタンの化学組成は、はるか昔、地上に生命体がはじめて現れたころの地球の化学組成にとても似ているという。さらにタイタンは、**太陽系のなかで大気を持つ唯一の衛星**でもある。

2004年に「タイタンで生物は発見されるだろうか」という賭けが、イギリスで行われたこともあった。

　結論をいうと、おそらくその可能性はない。極低温であることと液体の水が存在しないことから、衛星タイタンでDNA（デオキシリボ核酸）が発達する見込みはゼロに近いだろう。

　しかし、ひょっとすると**酸素ではなく水素を吸っている生命体**が炭化水素の湖に存在するかもしれないという意見や、さらに、なんらかの生命体が地球からタイタンへ到達したかもしれないという意見もある。後者は、「パンスペルミア（宇宙播種説または胚種広布説）」と呼ばれ、もともとは、地球における生命の根源を説明するための仮説。最初に提唱したのは、紀元前5世紀のギリシャの宇宙論学者アナクサゴラスだ。確実にいえるのは、太陽がより熱くなればタイタンの温度も上がり、それだけ生物の生存条件を満たす可能性が大きくなることくらいだ。

　探査機カッシーニ・ホイヘンスは、土星の（タイタン以外の）4つの衛星を発見したイタリアの天文学者ジョヴァンニ・ドメニコ・カッシーニと、タイタンを発見した他にもさまざまな偉業を成し遂げたオランダの博学者クリスティアーン・ホイヘンスにちなんで名づけられたものだ。

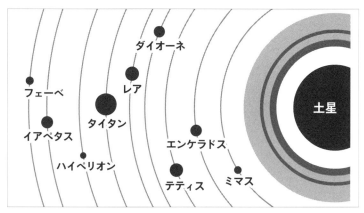

土星にはタイタンの他にも衛星がある

世界でいちばん
塩からい水は？

パッと思い浮かぶのは、死海。

死海の水ではない。
　世界でいちばん塩からい水は、南極ヴィクトリアランドのドライバレーにあるドンフアン池の水だ。ドンフアン湖ともいうが、水深は平均15センチメートルもない。
　周囲の気温は摂氏マイナス50度。それでも池の水が凍結しないのは、塩分が多すぎるためだ。
　塩分濃度は40％で、海水の18倍、死海の水の2倍強もある。

　ドンフアン池は、1961年にアメリカ合衆国海軍ヘリコプター操縦士のドナルド（ドン）・ロー中尉とジョン・ヒッキー中尉により偶然発見され、彼らの名にちなんで命名された（「ドンフアン」は「ドンジョン」のスペイン語読み）。
　この2人の操縦士は、池を調べる最初の調査団を輸送する任務にあたっていた。

　ここは地球上でいちばん興味深い"水たまり"だろう。
　南極のドライバレーといえば、地球でもっとも湿気が少なく、もっとも気温の低い場所だ。
　そこに水があることじたいが驚異である。雨や雪が降るには、気温が低すぎるし風も強すぎる。
　地下水が徐々ににじみ出てきては、その水面が蒸発するにつれてゆっ

くりと塩からくなっていったのだと解釈する他ない。

こうした厳しい気候条件にもかかわらず、水中には生物が確認された。青緑色の細長い藻が密生し、バクテリアやイースト菌や水生菌類の棲み処を提供していたのだ。

しかし、最初の探検以来、原因は不明だが、なんらかの作用で池の水深が半分以下に減り、今ではなんの生物も生息していない。

しかし、それでもこの池には大きな存在意義がある。水中に、まだ亜酸化窒素（笑気ガスとも呼ばれ、麻酔薬として使われる気体）が含まれているからだ。

もし火星で液体の水が発見されるとすれば、ドンフアン池と同じように、低温の塩からい水たまりという可能性が高い。そして今では、有機物が生まれるために必要な窒素に富んだ化合物のうち、少なくとも数種類はもっとも厳しい環境下でも発生することがわかっている。

死海には、かつて生命体の存在は不可能だと思われていた厳しい条件下でも生き延びる「極限環境微生物」が生息しているという。

「好塩菌」と呼ばれ、「ルネッサンス・バグ」という名でも知られ、極めて高い塩分濃度によって損なわれた自分のDNAを修復することができる微生物だ。

もしこれを医学的に利用できれば、ガン治療に大いに役立つだろうし、あるいは、惑星間スペースのすさまじい放射能照射に対応して、みずからDNAを保護できる身体機能が実現すれば、火星への有人飛行も可能になるかもしれない。

地球上の鉱物は どこから来た？

宇宙から来た……？

地球に生息する生物からやってきたのである。

現在、世界には4,300種類もの鉱物があるが、はるか昔、原始の粉塵の中には鉱物は10種類ほどしかなかった。

化学元素ははじめからすべて揃っていたが、ほとんどの鉱物が、太陽系と惑星が形成されてからできたものだといわれている。

他のすべての惑星と違って、地球上の地殻は絶え間なく動くテクトニック（構造）プレートが集まったパッチワークのようなものだ。

理由はわからないが、1つの理論として、地球の表面にあるすべての水がプレートにひびを入れるからだというものがある。

ちょうど、バスルームの湯があふれたために、湿気が徐々にしっくいの天井ににじみ出るのと同じ現象だ。

つまり、生まれて間もない地球の構造プレートが互いに押し合いへし合いして、膨大な熱と圧力をつくりだし、おそらく1,000種類もの鉱物を押し上げたのだろう。

そうして約40億年前に、最初の生命体が出現した。微細藻類が太陽光を使って、大気中に豊富にある二酸化炭素を炭水化物に変えてエサにしはじめる。

その副産物として放出されたのが、酸素だ。これは地球の地殻の中にもっとも多く存在し、もっとも高い反応性を示す元素だ。ほとんどすべ

ての元素と結合して、化合物を形成することができる。

　酸素がシリコン（ケイ素）や銅や鉄と結びつくにつれて、何百もの鉱物が新たに生まれた。

　われわれは酸素を気体だと思っているが、**地球上の岩石のほぼ半分が酸素からできている**。

　一方、炭素は海中にも吸い込まれた。あらゆる生命体の基本要素である炭素は、酸素が高い反応性を示すのと同じくらい、高い安定性を示す元素だ。

　この安定性のために、炭素は何百万種類もの有機化合物の核になりえた。

　こうした有機化合物には、生物に必須のあらゆる種類のタンパク質、脂肪、酸、そして炭水化物も含まれる。

　地球上の生物組成がより複雑になるにつれて、多くの新しい鉱物が生まれた。海洋生物が死んで水中を漂いながら海底まで沈むと、その殻や骸骨が厚い層をつくり、その堆積が固まって石灰岩やチョーク（白墨）や大理石になった。

　その一方で、何百万年もの間に、腐敗した植物のヘドロ状の沈殿物が石炭と石油の成分になった。

　生物の種類が増え、その生態が多様化するにつれて、鉱物の種類も増えていったのだ。

　地球上のあらゆる鉱物の3分の2が、その昔は生きていたということだ。

　こうした「生命と岩石のパラレル進化」から、われわれが他の惑星上に何を探すべきかという問題のヒントが得られる。

もしなんらかの鉱物の存在が探知できれば、それにともなう種類の有機体が発生していると考えられるからだ。

　われわれ人間は世界中の鉱物資源を使い果たしてしまうのだろうか？石油を別にすれば、そうなることを示唆（しさ）する証拠はなにもない。

　イギリスとアメリカで栽培される野菜のミネラル分は、過去50年の間に急激に減ったものの、その原因は合成（人工）肥料を多用したことにある。

　こうした肥料は、植物の急速な成長をうながすが、それと引き換えに、空気と土壌から栄養分を吸収するという本来の植物に備わっていた能力を奪った。

　このように考えれば、「戦時中のほうが食べ物の味がよかった」というお年寄りたちがいるのもうなずける。おそらく、本当にそうだったのだろう。

原始の地球に生命が誕生した不思議

木は何からできている？

土から養分を吸い上げるとか……？

……空気からできている。

小さな種子を大木に変える原材料は、土からではなく空から取り込まれる。

少量の必須ミネラルは土壌から吸収されるが、**樹木の大部分は加工された空気**である。木の葉は、太陽からの光エネルギーを化学エネルギーに変換する。

このエネルギーが、空気中の二酸化炭素から炭素を再形成し、その炭素と、雨水に含まれる水素とが結合して炭水化物を生成する。この炭水化物のうちおもなものが「セルロース（繊維素）」で、これが樹木の細胞壁をつくる主要物質なのだ。

こうした化学反応が完了すると、木は不要になった酸素を空気中に放出する。中くらいの大きさの木から出る酸素の量は、だいたい人間1人が呼吸するのに必要な量と同じだ。

これが、「光合成」という奇跡である。あらゆる生命体が植物を糧にして生きている以上、地球上でいちばん重要な生物学的プロセスといっていいだろう。

ジャイアントセコイア（訳注：ヒノキ科セコイアデンドロン属）の木は、世界中でいちばん重い生物だ。

重さ6,000トン、高さ95メートル、幹の直径12メートルの巨木もある。

樹皮の厚さも1メートル半にまでおよぶが、種子は極めて小さく、その重さは0.009グラム、完全に成長した木の重さの約10億分の1しかない。

　そして成長するのがいちばん速い木でもある。種子から急速に成木になるために、ジャイアントセコイアは空気だけではなく火も必要とする。

　硬い球果（訳注：マツやヒノキなどの裸子植物の果実）が開いて種子が土にばらまかれるには、**山火事の熱が必要**なのだ。そのために、アメリカ合衆国（農務省）森林局はセコイアの林に定期的に火を放つ。

　世界でいちばん小さな木はドワーフウィローだ。この低木は、グリーンランドのツンドラ（凍土）地帯に自生していて、高さは5センチほど。

　樹齢9,555年と測定されたのは、2008年、スウェーデンで発見されたノルウェートウヒ（訳注：マツ科トウヒ属の針葉樹）。地球上でもっとも長く生きている植物であり、有機体であるということになる。

　ただし、何をもって「単一の」有機体とするか、厳密に定義するのは難しい。というのも、アメリカのユタ州には推定8万年も生き続けている「根系」を持つアメリカヤマナラシの林があるのだ。

　現在、もし古紙のリサイクルのしくみがなかったら、世界中で1日に使われる紙を供給するために、1,200万本もの樹木が伐採されていただろう。

　つまり、毎日、約250平方キロメートルの森林が地上から消えていたかもしれないということだ。

新種の生き物を発見するのに、よい土地はどこ？

アマゾン川の熱帯雨林などがよさそう。

いや、自分の家の裏庭だ。高い旅費をはたいて（なおかつ、危険を冒してまで）南米のアマゾン流域へ探検旅行に出かけることはない。

1972年、ジェニファー・オーウェンという名の生態学者は、イギリス・レスター郊外のハンバーストーンにある自宅の裏庭に生息するすべての野生生物を記録し始め、それから15年後、記録をもとに本を書いた。

彼女が庭で見つけたのは、422種の植物と1,757種の動物で、中には533種もの寄生性ヒメバチも含まれている。

このヒメバチのうち15種は、イギリスで一度も観察された記録がなく、そのうちの4種にいたっては科学界における新発見だった。

イングランドとウェールズを合わせて、郊外にある庭は43万3,000ヘクタールを占める。

この中の1つの庭だけでこれほど多くの新種の生物が発見されるとなれば、他の庭でも新発見の可能性があるだろう。

2000年から2007年にかけて行われた「シェフィールドの都市型庭園における生物多様性」プロジェクト（BUGS）は、オーウェン博士の研究をより大きくした取り組みだ。

大都市シェフィールドの土地の約23％は個人所有の庭であり、ここには2万5,000個の池と4万5,000個の巣箱、5万もの堆肥の山と36万本もの

樹木がある。ここだけで「17万5,000種類の自然保護活動を行うチャンスがある」ともいわれている。

BUGSの発見した生物の1つは、地衣類の極小の新種で、これは普通の舗装路に生えたコケの中から見つかった。

新種の生物を発見する可能性を高めるために必要なのは、庭と時間と忍耐力、そして大量の専門知識だ。

2010年、ロンドンの自然史博物館は、敷地内の庭園で新種の昆虫が見つかったと発表した。

博物館には2,800万種以上の昆虫が収蔵されているが、いずれも発見された昆虫と一致しないため、専門家たちはその昆虫の正体がわからず当惑しているという。

新種の生物を発見する楽しみの1つは、**その生物の名づけ親になれる**ということ。最近発見された甲虫の一種は、並外れて発達した人間の上腕二頭筋（いわゆる力こぶ）に似た足を持っていることから、「アグラ・シュワルツェネッゲリ」と名づけられた。

また、化石化した三葉虫の一種は、その甲羅が砂時計のような形だったので、マリリン・モンローにちなんで「ノラサファス・モンローエ」と命名された。

さらに1982年、フェルディナンド・ボエロというイタリアの大学教授が、発見したクラゲに「フィラレラ・ザッパイ」と名づけたのは、あわよくば（教授が崇拝する）音楽家フランク・ザッパに会えるかもしれないという下心があってのことだった。

この秘策は成功。ザッパが生涯を閉じるまで、2人は友だちであり続けた。

世界で2番目に高い場所は?

いちばんはエベレスト。2番目はいったいどこ?

実は、これもエベレストだ。

どういうことかと言うと、エベレスト山頂に、地球上最高の海抜高度のポイントがあり、その場所は海抜8,850メートルに当たる。

2番目に高い山はK2といわれるが、実際には、エベレスト南頂にある、あまり人目につかない隆起で、その標高は8,750メートルと測量された。

これは、K2の8,611メートルを（およそ140メートルの差をつけて）しのぐ数値だ。

K2は、ヒマラヤ山脈ではなく、カラコルム山脈にある。Karakorumの頭文字をとってこの名がつけられたが、もともとは、19世紀イギリスのトーマス・ジョージ・モンゴメリー中尉によってつけられた仮の符号だった。

モンゴメリー中尉が若かりしころ、インド大三角測量に参加したときのこと。この大測量は、19世紀の大半を通じて実施された。中尉は、カラコルム山脈にある高峰に出会った順に、K1、K2、K3……と符号をつけたという。

1856年に彼が最初に見たK1は、世界で22番目に高い山にすぎないが、その当時すでにこの山には地元の呼び名がついていた。今も変わらず呼ばれているその名は、マッシャーブルム。

そして同じく、モンゴメリー中尉のリストにある他のすべての山にも地元の名前がついていたことが後の時代になって判明するが、例外が1

つだけあった。それが K2 である。

　K2は、南側のパキスタン人によっても、北側の中国人によっても、当時も今も名前をつけられていない。あまりにも遠く隔たった山であるのが、その理由だ。

　荘厳にそびえ立つ山頂にもかかわらず、この一帯にあるどの村からもまったく見えないため、この山の存在は大三角測量まで誰にも知られていなかった可能性もある。

　いち早く、この山に自分の名前を冠して「ゴッドウィンオースティン山」と名づけようと試みた人物がいた。調査測量にあたっていた、もう1人の英国人である。しかし、この命名は王立地理学会から却下された。

　ところで、K2は非公式に「非情の山」と呼ばれることがある。山頂に挑んだ登山者の4人に1人が死亡し、いまだかつて冬の登頂に成功した者はいないからだ。

　エベレストの南頂へは、長い道のりを登らなければならないが、そこは単に雪と氷におおわれた円錐状の峰でしかない。

　この南頂は、実は登山家のあいだで「デスゾーン（死の地帯）」（標高8,000メートル）と呼ばれるエリアにあたる。

　登山者数も多いデスゾーンには廃棄物や凍った死体がたくさん転がっている。2010年、20名編成のシェルパ族の一団が、いっせいに片づけ作業を開始した。遺体を移動する他に、合わせて3トンもの古いテント、ロープ、酸素ボトル、キャンプ用コンロなどを山から下ろさなければならないという。

山登りでどのくらい高くまで来たかを知る方法は?

ドローンで測る?

紅茶をいれてみるといい。昔から一般的に使われている方法は、湯を沸かし、その沸騰した湯の温度を測るというもの。

水が沸騰し始めるのは、水面から蒸気が飛び出そうとする圧力（蒸気圧）が外気圧より高くなったときである。

大気中の圧力（気圧）は、高度が上昇するにつれて（メートル単位とはいかないまでも）かなりきちんと下がっていく。そして、高度が300メートル上がるごとに、水の沸点は摂氏1度ずつ下がる。

というわけで、たとえば標高4,500メートルの山（モンブラン山頂は、標高約4,800メートル）では、水は摂氏84.4度で沸騰する。エベレスト山頂では摂氏77度で沸騰し、標高2万3,000メートルの地点では室温で沸騰してしまう（これほど高いところに、室温を保つ部屋などあるはずもないが）。

この計測方式は「hypsometry（日本語では『測高法』）」と呼ばれている。ギリシャ語の「高さ」を意味する「hypsos」と、「測定」を意味する「metria」からできた語だ。

マーク・トウェインは、旅行記『A Tramp Abroad』（1880年刊行、邦訳版は1996年出版の『ヨーロッパ放浪記』）の中で、スイスアルプス遠征のおりに、山の高度を計算しようと豆のスープに気圧計を入れて煮立たせたと語っている。

できあがったスープには、**「気圧計の味」**がしっかりついたという。

しかも予想外に、このスープは好評だったので、トウェインは遠征隊の料理人に毎日同じスープをつくらせたそうだ。

　料理人が使った気圧計は2つ。1つは正常に働き、もう1つは壊れていた。

　まともな気圧計と一緒に煮込んだスープは「上官の食堂」へ、壊れた気圧計と煮込んだスープは「その他の隊員たち」に出されたという。

　太平洋のマリアナ海溝にあるチャレンジャー海淵は、世界でもっとも深い海溝だ。海底の水圧は、海面の1,100倍。

　もしここで紅茶を一杯いれたくなっても、しばらく待たなければならない。

　なにしろ、やかんの湯が沸きだすのは、**水温が摂氏530度になってからなので。**

お茶会を山頂で

道に迷うと、人はぐるぐると 同じ場所を回るのか?

よく言われる怖いウワサ。

そのとおり。

進路を決める手がかりのない状況、たとえば吹雪や濃霧などに見舞われたときには、人間は真っ直ぐ歩いていると思っていても、かならずぐるぐると同じところを回ってしまう。

ごく最近まで、この現象は、われわれの足の片方がもう片方より強いため、歩くうちにだんだん進行方向が(弱い方の足寄りに)それていくという説明がされていた。

しかし2009年、ドイツのテュービンゲンにあるマックス・プランク人工頭脳工学研究所が調査を実施し、その結果、原因はわれわれの足ではなく、脳にあることが判明した。

調査に協力したボランティアたちが歩いたのは、南チュニジアのサハラ砂漠の中でもひときわ殺風景な一帯や、南西ドイツに平たく広がるビエンワルト森林の奥深く。

被験者たちの足取りは、GPS(全地球測位システム)装置によって追跡された。太陽か月が出ているときには、彼らはなんの問題もなく真っ直ぐに歩くことができたが、どちらも見えなくなると、円を描くように歩きはじめ、**知らずしらずのうちに何度も同じところをめぐっていた**という。

もう1つ別のグループのボランティアたちが目隠しして歩くと、この傾向はさらに明白で、結果も短時間に現れた。彼らが歩いた円の直径は、平均すると20メートルしかなかったそうだ。

　要するに、**視覚的な基準点が奪われると、人間は本来備わっている方向感覚を失う**ということが明らかになったのだ。

　視覚は、人間の持っているあらゆる感覚の中でもっとも重要だ。視覚的な情報を処理するのに、脳の活動域の30％が使われる。

　人間以外のほとんどの哺乳類が方向を感知するために嗅覚を使い、鳥類だけが、われわれ人間と同じくらい視覚に頼っているが、それでも飛ぶ進路を把握するのに渡り鳥が使うのは「磁覚」だ。

　地球の磁場を感知することで、渡りの際に正確なルートをたどることができるのだ。

　鳥の脳に埋め込まれているのは、鉄をベースにした鉱物の結晶で、これは「マグネタイト（磁鉄鉱）」と呼ばれている。

**　人間の鼻骨にもわずかながらマグネタイトが入っている。**

　ということは、ひょっとすると、**われわれにもかつては「磁覚」があった**のに、その使い方を忘れてしまったのかもしれない。

　2004年、ドイツの認知科学者ペーター・ケーニッヒ博士は、特製のベルトを1本用意し、いつでもどこでも（寝床でも）腰に巻いていた。

　そのベルトは、地球の磁場を探知するセンサーに接続された13個のパッドつき。どれか1つのパッドが北を向けば、そのパッドは携帯電話さながらにゆるく振動を始める。

　ベルト装着をしばらく続けるうちに、ケーニッヒ博士の空間認識力は格段に伸び、市内のどこにいても——さらに一度は、160キロ以上離れ

た都市へ出かけたときも——自宅や研究室の方角が直感的にわかるように
になった。

　ついにベルトを外したとき、博士はまるで世界が急に縮んでしまった
ような、自分が「以前より小さくて混沌とした存在」になったような感
覚に襲われたという。

　ベルトが復活させたのは、博士自身も自分に備わっていると気づいて
いなかった感知能力だった。

　今も昔も、われわれの身体は絶えず磁覚信号を忠実に発し続けている
のに、脳がその情報をキャッチする能力を失っただけなのかもしれな
い。

人間にもかすかに磁覚の痕跡が残っている？

明るい光を見たとき
どうなるか?

人間の体って不思議。

……自然にくしゃみが出る!

たいていの人は、とっさに目を細めたり手をかざして光を遮ったりするが、実は、少なくとも4人に1人は**急にくしゃみが出る**という。

これは「光くしゃみ反射」と呼ばれるものだが、強引にこじつけて「ACHOO(ハクション)症候群」と呼ぶ人たちもいる。

Autosomal-dominant(常染色体優性の)Compelling(抑えきれない)Helio-Ophthalmic(太陽直視に起因する)Outburst(噴出)の略だ。

この現象がはじめて医学的に説明されたのは1978年。しかし人々が太陽を見てくしゃみを連発するのはアリストテレスの時代から知られていた。

アリストテレスの見解は、鼻が太陽光で温められるせいというものだった。この見解に異議を唱えたのが、17世紀に登場した哲学者フランシス・ベーコンである。彼は目を閉じて太陽の光を浴びることによって自説を証明。

つまり、彼自身、日ごろから光くしゃみ反射を起こしていたが、目を閉じていればなにも起きないことがわかったのだ。目を閉じていても太陽から受ける熱は感じるので、くしゃみは光によって引き起こされるのだと確信した。

そして、陽光が目を潤ませ、その涙が鼻を刺激するのだと推論した。

実際のところ、こうした症状は、顔に受ける刺激に反応する三叉神経から、混乱した信号が送られて引き起こされる。目の周囲や鼻の内側から出る神経インパルスが、脳まで伝達される経路のどこかでごちゃ混ぜになり、そのために、脳は目で受けた刺激と鼻で受けた刺激とを取り違えてしまうのだ。結果的に、体はくしゃみをすることによって（鼻に入った）光を「追い出そう」とする。

　光くしゃみ反射は、だいたい18〜35％の人々に起きている。もっともよく起きるのは、トンネルや森のような暗いところから、明るい陽射しのもとに出たときだ。くしゃみは2、3回出るのが普通だが、40回も続けて出る人もいるという。こうした体質は遺伝によって受け継がれ、男女に差はなく、また、子どもに遺伝する確率は五分五分だという。

　同じく遺伝によって受け継がれるものに、**「ハネムーン鼻炎」**というのがある。これは、性行為の最中にくしゃみが止まらなくなる症状のこと。

　一説では、生殖器官（と、妙なことに、耳）を別にすると、人体の中で勃起組織を含んでいるのは鼻だけだという。人によっては、性的に「興奮」すると、鼻と生殖器が同時に勃起反応を起こすこともあるというわけだ。

　また、思ってもみない体の現象として、まるでピノキオのように、**「嘘をつくと本当に鼻がふくらむ」**というのがある。罪悪感が要因となって、血液が鼻の勃起組織に一気に流れ込むため引き起こされるという。これは自分の意思でコントロールできない反射だそうだが、そういわれてみれば、嘘をつくのがあまりうまくない人が、やたらと鼻や耳を触ったりかいたりして、わざわざ自分の嘘をばらしてしまうのにも納得がいく。

日没っていつのこと？

太陽が完全に地平線から見えなくなったとき？

「地平線（または水平線）に太陽が消えたとき」というのは間違い。

　太陽のいちばん下が地平線に接したときには、もう日はすっかり沈んでいる。太陽が西の空に傾き始めると、その光が大気を通る角度はだんだん浅くなり、それにつれて、通過する大気の量が増え、ますます光は屈折していく。

　そしてこの過程の最後で、光は極度に屈折するため、物理的には地平線より下まで太陽そのものは沈んでいるのに、われわれの目にはまだ太陽が見えている気がするのだ。

　偶然にも、そのときの屈折角度は、太陽の幅とほぼ等しい。だから、太陽のいちばん下が地平線にくっつくのが見えたときには、実際の太陽は完全に姿を消しているということになる。

　このとき、われわれが見ているのは太陽の蜃気楼にすぎない。同じく

このときすでに太陽は沈んでいる

光の屈折のために、太陽のいちばん上から下までの距離は縮んで見えるので、われわれの目に映る夕日は扁平な楕円形になっている。

太陽光が大気の中を通って進むとき、緑色の光のほうが赤い光よりわずかに大きく屈折する——ちょうどガラスのプリズムを通過するときのように。

このため、沈みかけた太陽の上辺縁にそって、ごく細い緑色の光が見えることがある。

あまりにも細いので肉眼では確認できないが、ごくたまに大気の状態がよいとき、この緑色に光る弧が望遠鏡などで人工的に拡大されると、太陽が完全に見えなくなる間際のほんの1秒ほどのあいだ、目でとらえることができるという。

この現象は「グリーンフラッシュ（緑閃光）」と呼ばれ、船乗りたちにとって縁起がいいものとされている。

日ごろよく目にするのは、夏の路上に出現する蜃気楼だ。この現象は、アスファルトの熱で地表近くの空気が温められて膨張し、そのために光の屈折率が変わることから起きる。

前方に水があるように見えたりするが（「逃げ水」と呼ばれる）、実際は、空が地面に映っているだけのこと。それを見て、あなたの脳が水だと判断するのは、水もまた空を映すからだ。

砂漠に出現する水場の蜃気楼も同じ現象である。のどが渇いた冒険者ほど、この「幻の水」を目にするという。

いちばん高いところに ある雲って?

秋の空に浮かぶ雲は高いところにありそうだ。

うすく透き通るような「巻雲（けんうん）」ではないのか？　と、誰もが思うだろうが、実は違う。

よく晴れた真夏の夕方、ごくたまに世にも美しく幻想的な雲が空に浮かぶ。この夜空を彩る不思議な雲は、「夜光雲（やこううん）」と呼ばれ、その銀色がかった青いすじ雲は、**夜でさえ太陽の光が当たるほど空の高いところにただよう**という。

その高度は80キロメートル以上もあり、もっとも高い巻雲の7倍である。

地球を包む大気は、ガスの層がひと続きになって、宇宙空間に約100キロメートル伸びている。

われわれが住んでいる「対流圏」は温暖で湿った空気があり、（夜光雲以外の）すべての雲が形成されるところだ。

上空11キロメートルから始まるのは「成層圏」で、ここには地球にとっての保護膜のようなオゾン層が含まれる。

ここよりさらに高いところは「メソスフェア」と呼ばれる層で、他の層の間に位置することから「中間圏」と呼ばれることもある。

この層は、上空50キロメートル近くから始まり、32キロメートルもの厚みがあるという。

ほとんどの航空機にとって高すぎる高度、なおかつ宇宙飛行するには

低すぎる高度であることから、この層には「無視された領域」という
ニックネームがついている。たしかに、この層についてわかっているこ
とはほとんどない。

　夜光雲は、ちょうどメソスフェアと宇宙空間との境界に発生する。雲
ができるのに必要なのは、水蒸気と粉塵（ふんじん）の粒子である。
　メソスフェアは極めて乾燥しているうえに低温（マイナス約123℃）な
ので、夜光雲が観測された当初は、この雲は水蒸気以外の物質に違いな
いと思われていた。現在では、ごく小さな氷の結晶でできていることが
わかっている。
　結晶のサイズは、われわれの髪の幅の50分の1だという。結晶がどの
ようにして形成されるのかはわかっていない。

　もう1つ不明なのは、この雲がこれまでもずっと存在していたのかど
うか。
　1885年に初観測が報告され、ドイツ人の雲愛好家オットー・ジェシー
によって「noctilucent clouds（夜に光る雲）」と名づけられるまで、誰ひ
とりこの雲の存在を知らなかった。
　その2年前に、インドネシアのクラカタウ山で大噴火が起こり、火山
灰の噴出により世界中で鮮明な夕焼けが観測されていたことから、夜光
雲と火山灰との関連が指摘された。
　しかし、当時は産業化時代の絶頂期でもあり、地球の歴史上はじめて
メソスフェアで雲が生成されるほど上空高く粉塵が舞い上がった時期で
もあると考えられる。
　というわけで、結局は何がおもな原因となって夜光雲が発生したかは
明らかになっていないのだ。

今もなお、**メソスフェアの低温化は進行中**である。これは世界中の二酸化炭素（CO_2）の排出がますます増えている結果だ。それと同時に、皮肉にも、二酸化炭素は対流圏をせっせと温めている。

　CO_2にはもともと熱を吸収する性質があり、メソスフェアのうすい大気中では、ただひたすら熱を吸収する。
　しかし、地表にもっとも近い対流圏内の大気はより高密度であるため、CO_2は絶えず他の物質（水蒸気など）と衝突する。
　この衝突によって熱が発生し、その結果、地球温暖化が起きている。これが、いわゆる「温室効果」である。

　過去30年にわたって、**夜光雲の発生数は倍増している**という。
　不気味なまでに美しい夜光雲は、迫り来る気候変動の危険をわれわれ人間に知らせているのかもしれない。

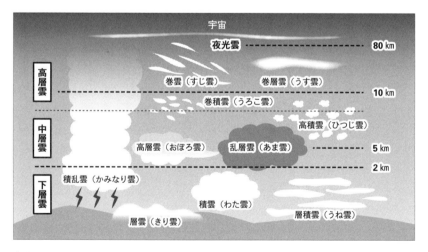

宇宙に近いところに発生する夜光雲

雲の重さはどのくらい？

重さなんてあるのだろうか？

実は**ものすごく重い**。雲の重さを計測するときによく使われる単位
は、ゾウの頭数であるらしい。

アメリカのコロラド州にあるアメリカ大気研究センターによると、
平均的な積雲はおよそゾウ100頭分、大きな嵐雲（または雷雲）は
なんとゾウ20万頭分もの重さがあるそうだ。

しかし、これはハリケーンに比べたらなんでもない。

1立方メートルのハリケーンから水分を抽出して重さを量り、それに
ハリケーン全体の体積を掛けると、**1つのハリケーンの重さはゾウ
4,000万頭分**にもなることがわかる。

これは地球上に存在するゾウの頭数の26倍だ。

しかし、「ゾウ何頭分もの重さのあるものが、いったいどうして空に
浮かんでいられるのか？」という疑問だろう。

答えは、「その重さが膨大な数の小さな水滴と氷の結晶に分散され、
しかも水滴と結晶が極めて広範囲に広がっているから」である。

いちばん大きな水滴でも、直径はわずか0.2ミリだという。つまり、
100万粒の水滴を集めないと小さじ1杯の水もつくれないということだ。

さらに、暖かい空気は上昇するので、それによって上昇気流が発生す
る。

この上昇気流の上に雲は形成されるが、水滴の「落ちる力」よりもこの上昇気流の「押し上げる力」が強いため、雲は浮かんでいられる。もちろん、上空の空気が冷えると水滴となり、地上に雨が降り始める。

　雨になるには、雲の中の水分は一度凍らなければならない。気温が十分に低い場合はそのまま雪や雹となって降り、そうでない場合は、凍った水滴は落下の途中に溶けて雨粒に変わる。

　1つ不可解なのは、イギリスのような温暖な気候の国に、なぜ多くの雨が降るのかということ（訳注：イギリスは雨が多い国として有名）。

　純水が凍るほど、上空の雲が低温になることはめったにないのに、どういうわけだろう？

　煤塵などの触媒が、氷の核つまり氷晶核として働き、その周囲の水分が凍結して氷が形成されることはあるが、それでもしょっちゅう雨が降るほど大気が汚染されているわけではない。

　答えは、どうやら**空気中に浮遊している微生物**らしい。ある特定の種類の微生物は、第1級の「氷晶核づくりの名手」であり、その不思議な能力でもって水を氷に変えてしまうというのだ。

軽そうに見えてものすごく重い

たとえば「シュードモナス・シリンガエ」という細菌を水に加えると、あっという間に——温度が5〜6℃あたりでも——水は凍ってしまうという。

　微生物が「種」になって雨ができ、雨はその微生物を地上へと運び、そして微生物はたくましい製氷力を駆使して（多くの穀類を含む）植物の細胞を壊してその養分をエサにする。

　そして気流に乗って再び空中に舞い上がり、上空でさらに雨をつくりだすというわけだ。

　この理論が正しいなら、とてつもなく大きな示唆を含んでいる。

　このような製氷力のある微生物が好む種類の穀類をたくさん育てれば、**干ばつを永遠に地球上から消し去ることも夢ではなくなる。**

地球から月は
どのくらい見えるか?

いつも見えているのは同じ表面では?

半分ではない。

月は自転しながら地球のまわりを公転しているが、その自転と公転の周期がまったく同じなので、**地球にいるわれわれが月の裏側を見ることは不可能**だ。

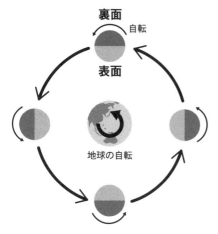

地球から月の裏側を見ることはできない

けれども、月の動きはさほど一定してはいない。実は、回転しながら前後左右に揺れ動いている。

そのため、月面全体の半分以上を地球に向けることがある。月のこうした動きは、釣り合った天秤が揺れ動くように運動するところから、「秤動」と呼ばれている。

秤動は、ガリレオ・ガリレイによって1637年に発見され、3つのタイプに分類されている。

「緯度秤動」は、月の自転軸がわずかに傾いているために起きる緯度方向の動きのこと。これによって、地球上のある一定の場所からは、月がまず前に向かって揺れ、次に後ろへ揺れながら通過しているように見える。

こうして、**ときには月の北極付近が、またあるときは月の南極付近がわれわれの目の前に現れる。**

「経度秤動」は横に揺れる動きだ。これは、地球のまわりを回る公転の速度がほんの少し変わることから引き起こされる。

月は常に一定の周回率で自転しているが、公転の軌道が完全な円ではなく楕円であるため、地球に少し近づくときには速く、逆に少し遠ざかるときには遅く通過する。

これによって、月が遠ざかるときにはその後縁の少し横の部分を、逆に月が近づいてくるときにはその前縁の少し横の部分を、われわれは見ることができるのだ。

もう1つは「日周（日ごとの）秤動」である。地球もまた自転しているので、時間の経過とともに月を観測する位置が変わり、それによって観測の角度も変わる。

この日周運動により、月が出るときにはその西側の縁を、月が沈むときにはその東側の縁をそれぞれ少しだけ多く見ることができる。

これらをすべて合わせると、何月であろうと1カ月間（月の周期である28日間）をとおして、**月面全体の59%が地球から見える**ことになる。

月が地球に対して常に同じ側を向けていることは、「潮汐ロック」（または潮汐固定）と呼ばれる。

これと同じように、太陽系にある衛星169個のうちの大半は、その自

転周期と公転周期が等しいといわれている。

　たとえば、火星の衛星2つ、土星の内衛星5つ、そしてガリレオが1610年に発見したことから「ガリレオ衛星」と呼ばれる、木星の衛星のうち最大の4つなどだ。

　地球は金星とも同じような関係を持っている。地球とは逆方向に自転しているにもかかわらず、金星が（583日おきに）もっとも地球に近づくとき、つねにわれわれに同じ側を向ける。なぜそうなるのかは、誰にもわかっていない。

　天体が潮汐ロックになるのは、互いにある程度接近したときである。ところが地球と金星の距離は、もっとも近いときでも3,800万キロメートルはある。

　ということは、地球と金星の潮汐ロックは単なる偶然なのかもしれない。

遊びにいける太陽系の惑星は？

火星への移住をもくろむ人たちもいるようだが。

まずは金星だろう。

気候は恐ろしく過酷だが、費用に見合う価値としてはどの惑星にも負けない。

極めてゆっくり自転しているため、金星の1日は1年より長い。そして**2週間の休暇は、金星では15年以上も続く**ことになる。

また、天王星を除くすべての惑星と逆方向に自転しているので、金星では太陽は西から昇って東に沈む。

ただし、ここから太陽を見ることはできない。空が硫酸（りゅうさん）の厚い雲でびっしりとおおわれているからだ。

旅行着にも注意が必要だ。

金星の地表はアルミニウムが溶けるほど高温なうえに、大気圧は地球の90倍（地球で水深900メートルにいるときに受ける圧力）もある。「空気」も「新鮮」とはとても言えず、大部分が呼吸に適さない二酸化炭素だ。

遠方の目的地がいいなら海王星。ただし、地球よりはるかに高速で自転するため、海王星での1日は地球の1日より8時間ほど短い。

それでも太陽からもっとも遠い惑星だけあって、公転軌道が極めて大きく、そのため**海王星の1年は地球の年数でいう約165年**にあたる。

四季の移り変わりもあり、1つの季節はだいたい40年続くという。

ひと夏が40年もあるというのは魅力だが、夏は夏でも、海王星のこの

時季の平均温度はマイナス200℃というから、ちょっと考えものだ。

　木星は、サイズも温度もまずまずの星だが、休暇を過ごすのに理想的とはいえない。木星のほとんどがガスでできているからだ。
　厚さ4万3,500キロメートルもの（ガス状の）液体水素の黒い層が炭素を押しつぶし、リッツホテル並みの巨大なダイヤモンドを生成している。
　ちなみに、大気からは（水ではなく）ネオンが降り注ぐので、**木星に降る雨はまぶしいほど鮮明な赤色をしている**そうだ。

　土星の見事な環は、幅がなんと11万2,600キロメートル以上もあるが、それでも現地を訪れて間近に見るとがっかりするかもしれない。
　環の厚さは9メートルしかなく、大半が氷の粒で、その粒も直径1センチほどのサイズだそうだ。そのうえ、土星には立つところも腰を下ろすところもない。
　密度が極端に低い惑星なので、土星がすっぽり入る巨大な湖があったとしたら、そこに土星を浮かべることができるだろう。

　休暇には歴史をひもとくのもいいというなら、出かけずにのんびり家にいるのをおすすめする。
　もろもろの多様性はあるものの、実は惑星（と太陽）はすべて同い年だ。およそ45億年前に、太陽系の惑星は同時に形成されたといわれている。

宇宙では、何が聞こえる？

ピュイーンとかキーンとかだろうか？

叫び声を上げても誰の耳にも届かない。
とはいえ、物音がまったくないというわけでもない。

宇宙にはガスがあり、それによって音波は伝わる。けれども、星間ガスの密度は地球の大気密度に比べてはるかに低い。

われわれの身のまわりの空気には、1立方センチメートルあたり300億個もの原子があるのに、大気圏外の宇宙空間には平均して2個もないのだ。

もしあなたが星間ガスの雲の端に立ち、そこに1つの音があなたに向かって伝わってきたとしても、毎秒2個程度の原子しか鼓膜に当たらない。これでは、なにかを聞き取るには、振動が小さすぎる。

非常に高感度のマイクロホンがあれば多少は聞こえるかもしれないが、生身の人間は宇宙空間では事実上の聾者になる。

つまり、われわれの耳にはそこまでの機能がないということだ。

仮に、人間が大爆発する超新星のすぐ隣に立っても、ほぼ無音だ。爆発で発生したガスが急速に広がり、当然、その密度も急速に低下するので、やはりほとんどなにも聞こえないだろう。

火星でも音はあまりよく伝わらない。地球の大気に比べて、火星の大気密度はたったの1％だからだ。

地球上で悲鳴を上げると、その声は1キロメートル先まで届いてから空気に吸収されるが、火星では、15メートル離れた地点にも届かない。

ところで、**音を出すブラックホール**がある。地球から2億5,000万光年かなたの、ペルセウス座銀河団にあるブラックホールは音波を発しているらしい。

2003年、NASA（アメリカ航空宇宙局）のX線観測衛星チャンドラによって、このブラックホールから発せられる音の電波（X線）が探知された。

ただし、これは人間の耳では聞き取れない音だ。ピアノの真ん中の「ド」の音よりも57オクターブも低く、**人間の聞きとれる低音の限界よりさらに1,000兆倍も低い**。

この音は、これまでに検出された音のうちもっとも低く、いわば宇宙一の重低音であり、音階でいえば——ブブゼラ（訳注：プラスティック製の長いラッパ。南アフリカのサッカーファンに人気がある）が鳴らす——「シ」のフラットにあたる。

落ちてきた隕石に
触ってはいけない理由は？

とにかく**熱そう**。

指をやけどするから？　……実は、そうではない。

隕石は、宇宙から地球に落ちてきた物体である。つまり、隕石または「流れ星」とは、地球の大気を通過する物体のこと。

毎日、何百トンもの隕石が地球に落ちてくるが、そのほとんどが砂粒より小さく、大気に突入すると同時に燃え尽きてしまう。

映画や漫画に出てくる隕石は熱く、雪の中に落ちるとジュッと音を立てる。だが現実には、ほとんどの隕石が冷たく、なかには霜でおおわれているものさえある。

これは、宇宙が極度に低温だからだ。

大気に突入するときの摩擦によって隕石は熱せられるが、同時に落下するスピードが抑えられるので、地表に落ちるまで数分かかることもある。その数分間で、一時的に得た表面の熱をすっかり失ってしまうわけだ。

隕石は、石か金属のどちらかでできていて、金属だと金属片を打ちつけると、鐘のような音が出る。

多くが地球と同じくらい古く、ごくまれに、落下直後に発見されることもあるが、大半が何万年も地下に横たわっていた末に掘り出されるという。

あなたが隕石に遭遇することは、まずないといっていいだろ

う。1807年から2009年までの202年間に、合衆国全域で発見されて隕石と認められた物体はわずか1,530個だった。1年間に8個も見つからなかったということだ。

　隕石が落ちてくるのを目撃して、それを発見するのは、さらにまれで、同じ202年間に202回しか起きなかった。偶然にも、ちょうど1年に1回の割合だ。

　ロンドン自然史博物館発行の『隕石カタログ』の最新版によると、これまでにブリテン諸島全域で発見された隕石は、わずか24個。

　隕石の専門家は一般人から年に何百件もの報告を受けるが、彼らの見つけた**隕石らしき石が本物であることはめったにない。**
「ボルトン隕石」は、1928年にイギリス・ランカシャー州の町の目抜き通りに面した家の裏庭で発見された。

　一時は大興奮に沸き返ったが、結局、ロンドンの大英博物館の裁定によると隕石でもなんでもなく、ただの焦げた石炭だという。

　それでもまだ、ボルトン美術館において、この石は展示され続けている。

地上まで届くのは意外と少ない

さて、本題の「触ってはいけない理由」だが、それは隕石に付着している**有機物質に汚染されるかもしれない**からだ。

　もしも落ちてきたばかりの隕石を見つけることがあったら、（決して素手で触らずに）密封ポリ袋に入れて最寄りの研究グループに送り届けたほうがいい。

　グリーンランド北部にヨーロッパ人がはじめて足を踏み入れたとき、彼らは先住民族のイヌイットを見て驚嘆した。

　鉱物を採掘する方法も、金属を溶錬する方法も知らないイヌイットが、金属の狩猟ナイフを使っていたからだ。

　この先住民族は隕石に火山石を叩きつけて鉄片を削り落とし、それをセイウチの牙にくくりつけてナイフにしていたという。

　その鉄隕石は、イヌイットたちの信仰の中心的な存在となっていた3つの隕石の1つだった。

　いずれも45億年前にできたもので、もっとも大きいのは重さが36トンもあったが、1897年、アメリカ出身の探検家ロバート・E・ピアリー提督は、この3つの隕石をすべて盗み出し、ニューヨークのアメリカ自然史博物館に4万ドル（約400万円）で売却した。

グリーンランドの北端にある
不思議な地域とは？

氷におおわれた真っ白な平原しか想像できない。

　雪や氷は、必死に探してもなかなか見られない。いちばん出くわす可能性があるのは、**体が大きくて猛烈な異臭を放つ野生動物「ジャコウウシ」**だろう。

　グリーンランド北部から北極海に突き出たところに、「ピアリーランド」という山の多い半島がある。

　ここは地上最北の氷結しない土地として知られている。北極点から725キロメートル南に位置し、面積は5万7,000平方キロメートル、デンマークがすっぽり入る大きさだ。

　この半島がはじめて地図に載ったのは、1892年。アメリカの探検家ロバート・E・ピアリーによって、ピアリーランドと名づけられた。

　砂漠の1つと数えてもいいほど乾燥し、夏の3カ月間は霜も降りない。気温は10℃を超えることがたびたびあり、ときには18℃に達することもある。

　しかし、冬には極寒になり、気温はたいていマイナス30℃前後まで落ちるという。雨はめったに降らず、ごくたまに降る雪も非常に乾いているので地面に積もることはなく、けっして氷結もしない。

　植物の生育域は、半島全体のわずか5％だけ。それでも、現在までに33種の草花が記録されており、1,500頭のジャコウウシが生息するために必要十分な植物が育っていると見ていい。

名前から受けるイメージに反して、ジャコウウシはヤギと同じ仲間の動物である。この大型で毛むくじゃらの生き物にジャコウウシと名前がついたのは、オスが発情すると眼下腺から**強烈な臭いのある分泌液**が出るからだ。

　体毛の長さは60センチ近くもあり、それが分厚い房となって皮膚膜をおおい、足先まで垂れ下がっている。この大量の毛で体温は保たれるが、その一方で、（毛の重みのために）軽快に疾走することはできない。

ジャコウウシ

　ジャコウウシの防衛戦略は、群れの中の子どもや弱った仲間を囲うように円陣を組み、そこから外敵をじっとにらみつけるというもの。

　歴史的に見れば、この戦略で北極オオカミや北極グマから群れを守ることができたが、ライフルを持った人間に対しては役に立たず、20世紀の変わり目には、乱獲により絶滅の危機に追い込まれた。

　現在は、保護種に指定されて、北極周辺の個体数は15万頭まで回復している。

　彼らは極めて古い動物だ。進化のはじまりは60万年以上前といわれ、同時代の動物にはケナガマンモスや地上性オオナマケモノ、そしてサーベル状の牙を持った剣歯虎（サーベルタイガー）がいた。

　ジャコウウシは、およそ2万年前に最寒冷期に達した**最終氷河期を生き抜いた、非常に数少ない大型哺乳類の1つ**である。

「雪も降らないくらい寒い」?

雪国の都市伝説。

……雪が降るには寒すぎる、ということはない。少なくとも、この世界では。

雪国の住人なら誰でも、「1日中ずっと雪が降りそうだったけど、結局、寒すぎたのね！」などと言うことがあるが、これはまるきりデタラメだ。

マイナス41℃のアラスカで降雪の記録があり、また、南極でもマイナス50℃という驚異的な寒さの中雪が降ったという報告がある。

さらに実験施設では、マイナス80℃――南極大陸での史上最低気温――で雪片がつくられたこともある。

たしかに、マイナス33℃以下の低温では、通常の「雪」はほとんど形成されない。このとき代わりに発生するのが、**「ダイヤモンドダスト」**と呼ばれる細氷である。

これは、ごく小さな氷の結晶が地上に降り注ぐ現象のこと。このように気温が下がると、大気中の水蒸気がいつもの見慣れた雪片を形成できなくなるが、それでも雪には違いない。

では、なぜイギリスでは寒い日に雪が降らないことがあるのだろう？

実は、これは北ヨーロッパの寒冷気候が高気圧と関係しているからだ。高気圧の範囲内では、空気の動きが極端に少ない。そのため冷たい空気は徐々に沈んでいき、その過程でゆっくりと温められる。

その結果、大気中のどのような水分も完全に蒸発してしまうので、雲は形成されなくなる。

　夏には、こうした高気圧により暑く晴れた天候がもたらされるが、冬には、遮る雲の層がないため、暖かい空気がどこまでも上昇し、それにつれて地表はどんどん冷えていく。

　ことに夜間の冷え込みが厳しくなるが、それは地球を温める太陽が出ていないからだ。

　だから、凍てつくような寒さでも、雪を降らせる雲がないということになる。

　かといって、雪が降るのはかならずしも比較的暖かいとき、というわけではない。

　イギリスで記録された史上最低気温は、マイナス26℃。

　これは、1982年1月10日、ニューポート市シュロップシャーで観測された気温だが、この日は記録的な大雪の降った日としても有名である。

地球上に、どの国にも 属していない場所がある？

パスポートもいらない場所がある？

答えはイエス。……そういう場所は2つある。

1つは、南極大陸西部のマリーバードランド。**あまりにも辺鄙（へんぴ）な場所にあるので、どの国の政府も欲しがらないらしい。**

マリーバーランドは、南極点から（太平洋方向の）南極海岸へと続く面積161万平方キロメートルの広大な土地である。

イランやモンゴルの国土より広いが、人が住むには気象条件が厳しすぎるため、通年基地もアメリカの開設した観測基地が1つあるだけだ。

この地名は、アメリカ海軍少将リチャード・E・バードの妻マリーにちなんでつけられた。バード少尉が南極点周辺をはじめて探検したのは、1929年のことだ。

ちなみに、この調査基地に触発されて、ジョン・カーペンター監督の名作ホラー映画『遊星からの物体X』は制作されたという。

南極大陸の他の地域は、1961年締結の南極条約のもと、日本を含む12カ国の管轄下に置かれている。

この条約には、南極大陸の科学的調査の自由と国際協力、そしてあらゆる軍事活動の禁止もうたわれている。

もっとも広い地域の領有権を持つのは、この大陸を最初に探検した3カ国（イギリス、ノルウェー、フランス）と、位置的にいちばん近い4カ国（ニュージーランド、オーストラリア、チリ、アルゼンチン）だ。マリーバー

ドランドの突端から望む海洋には島影1つなく、この海域の領有権を主張できるほど、位置的に近い国は1つもない。

国際法上、正統な政府によって統治されていない土地は「無主地」と呼ばれる。マリーバードランドは、これに該当し続ける最大の地域だが、もう1つ「無主地」と認められている小さな土地がアフリカにある。

エジプトとスーダンの国境にあり、現在そのどちらの国にも領有されていないビル・タウィールという地域だ。

1899年、この地域の覇権を握ったイギリスは、砂漠の地図上にエジプトとスーダン両国を分かつ境界を緯線にそって真っ直ぐに引いた。

その結果、ビル・タウィールはスーダンの管轄下に、すぐ隣のハラーイブ・トライアングルと呼ばれる地域はエジプトの管轄下にそれぞれ置かれることになった。

境界線が（前よりくねくね曲がった線で）引き直されたのは、1902年。今度はビル・タウィールがエジプトに、ハラーイブ・トライアングルはスーダンに帰属することになった。

両国にとって魅力がない土地⁉

ビル・タウィールは、面積2,000平方キロメートルの地域で、普通なら領有権をめぐって両国が争っていると考えるところだが、実際は違う。両国が欲しがっているのは、ハラーイブ・トライアングルだけなのだ。

　ビル・タウィールが砂と岩であるのに対して、ハラーイブ・トライアングルは肥沃な土壌に恵まれ、人も多く住み着いている。また、東側の紅海沿岸を含む広大な土地の面積は、ビル・タウィールの10倍もある。

　現在は、エジプトが1899年の境界線を根拠に統治下に置いているが、スーダンも1902年の境界線修正を根拠に領有権を主張しているという。このように両国の主張する境界線が異なるため、結果的に、ビル・タウィールの領有権はどちらからも否認される形となっているのだ。

　ところで、**世界一の領有権争いの的は、南太平洋に浮かぶ750個の小さな無人島からなるスプラトリー諸島（南沙諸島）**だ。広大な海域に点在する島々の陸地面積は、合わせてわずか4平方キロメートル。

　しかし、この海域は豊かな漁場として知られ、また石油・天然ガス資源の存在も指摘されていることから、6カ国（フィリピン、中国、台湾、ベトナム、マレーシア、ブルネイ）が領有権を主張し、ブルネイを除く5カ国が複数の岩礁や砂州に軍隊・警備隊を常駐させている。

　フィリピン政府は、管轄権の主張を強化するために、公共機関の職員を交代で諸島内の1つの島に有給で住まわせ始めた。だが、この仕事は職員のあいだであまり人気がない。

　なにしろ熱帯地方の――30分あれば歩いて1周できるほど――ちっぽけな岩だらけの島の魅力など、あっという間に飽きてしまうのだろう。

オーストラリアがヨーロッパ人に 発見されたとき、ついた名前は？

とにかく、ややこしい。

……ニュージーランド。

オーストラリア大陸に最初に到達したヨーロッパ人は、ウィレム・ヤンスゾーンという名のオランダ出身の航海者。

1606年、彼が現在のケープヨーク（クイーンズランド州北端の岬）に上陸したとき、そこはニューギニアの一部に違いないと考えた。

そして、オランダ西部にある島にちなんで「New Sea-Land」つまり「ニュージーランド」と命名することを提案。

だが、この名前は定着せず、最終的に、他のオランダ人によって大陸の西と北の海岸線が地図に記されるころには、「New Holland（ニューホランド）」と呼ばれるようになっていた。

1642年8月、オランダ領東インド総督アントニオ・ヴァン・ディーメンに命じられ、さらなる冒険に発った探検家アベル・ヤンスゾーン・タスマンが、同年11月「偉大なる南方大陸（つまり、マルコ・ポーロによって「テラ・アウストラリス」と呼ばれた大陸）に残された未知の海岸」と考えた陸地を発見した。

この大陸を雇い主の名前にちなんで「ヴァン・ディーメンズ・ランド」と命名。

しかし、それから2世紀後の1856年、イギリスからの移住者たちは真の功績者を称えるべく、「タスマニア」と改名した。

タスマンは、そこからさらに航海を続け、現在のニュージーランド南島を発見。

しかし、彼はここでも大きな勘違いをして、南米アルゼンチン沖のスタテン島につながっている土地と考えて「スタテン・ランド」と命名した。

こうしたオランダからの探検が一段落したあとは、オーストラリア北部に上陸するヨーロッパ人は1人もいなかったが、19世紀に入るとまもなく、イギリスの航海者マシュー・フリンダーズが、はじめてオーストラリア大陸の周回を果たした。

オランダ人たちが到来する5万年前から、オーストラリアには先住民族アボリジニの人々が暮らしていた。

しかも、オランダ人たちがオーストラリアに到達した最初の外国人ではなかった。

インドネシア西端のマカッサルから、漁師たちが捕れたナマコを他の物と交換しにきていたのだ。オランダ人が上陸する100年以上も前から。

その漁師たちと物々交換をしていたのは、オーストラリア北部ノーザンテリトリーに住んでいた先住民族の1つ「ヨルング族」。

実は、彼らはこの漁師たちを通じて、ヨーロッパ人のことを知るようになったそうだ。

当時、インドネシアの漁師たちは、「Balanda（バランダ、つまり、Hollander＝ホランダー）」とオランダ人のことを呼んでいたとのこと。

ヨルング族の人々が、彼らから学んだことは他にもいろいろあった。たとえば、「プラウ」と呼ばれる小さな帆かけ船で航海する方法、そして、タバコをどうやって吸うか。

ちなみに、インドネシアにタバコを持ち込んだのは、ポルトガル人。

タバコの伝来は16世紀初めだったらしく、早くも1601年にはジャワ島でタバコの栽培が始まっていた。

　考えてみれば、おもしろい話だ。オーストラリアの先住民たちは、ヨーロッパ人たちと直接会う前に、彼らが「新世界」から持ち込んだ植物の葉をプカプカ吹かしていたわけだから。

　マカッサルの漁師たちの訪問は、1906年まで続いた。
　この年、オーストラリア政府は、彼らが先住民族だけを相手に非課税の交易を行っていることを好ましくないと結論づけ、ヨルング族の人々に相談もせずに、マカッサルの人々によるナマコ漁を全面禁止。
　こうして、5世紀も続いた平和的な文化交流は一瞬にして断ち切られた。

地球の最初の大陸とは？

今の6大陸になる、何億年も前のこと。

ローラシア大陸＋ゴンドワナ大陸＝パンゲア大陸という巨大な大陸だった。

現在の諸大陸がかつて分裂する前に、巨大な1つの超大陸「パンゲア大陸」を成していたという仮説を耳にしたことがある人も多いだろう。

だが、パンゲア大陸が実は2つに分かれていて、北は「ローラシア大陸」、南は「ゴンドワナ大陸」だったという説まで知る人はあまりいないのではなかろうか。

古代大陸パンゲア

そして、**パンゲアは地球史上7番目にして最後の超大陸だっ**た。

地球が45億年前に誕生してからパンゲアが形成されるまで、地球上の大陸は、ある一定の期間を置いて分裂と結合をくり返していた。

パンゲア大陸は、5億5,000万年前から2億年前にかけて存在したといわれている。これは地質学的な時間で考えれば、**かなり最近のこと**だ。

実際のところ、世界の歴史全体を月曜から始まる1週間と考えると、パンゲアは日曜の早朝に出現したばかりということになる。

地球に最初にできた超大陸は「バールバラ大陸」と呼ばれ、およそ36億年前に形成されたといわれている。

この超大陸のあとは「ウル」、その次は順に「ケノーランド」「コロンビア」「ロディニア」「パノティア」と続き、最後が「パンゲア」だ。こうした結合と分裂は、およそ3億〜5億年のサイクルでくり返されてきた。

この巨大な動きは、地球の内部構造によって引き起こされる。

地球の内部は放射性物質が集中しているため、極度に高温(摂氏3997度)だ。これは、太陽の表面温度を超えている。その結果、地球の岩石のおよそ3分の1が溶解して、「マグマ」と呼ばれる粘液になる。

これは地球の中心に溜まっていくが、同様に高温であるにもかかわらず、高圧力と、そして「リソスフェア」と呼ばれる低温の岩石圏によって液化が止められる。このリソスフェアのもっとも外側の層が、われわれが「地殻」と呼ぶ薄い表皮だ。

リソスフェアの層は、大きなプレート7枚と小さなプレート13枚が重なり合ってできている――ちょうど、濃厚なマグマのシロップに、割れたキャンディのかけらが何枚も重なっているような感じだ。

そして、マグマの中で起きる対流が(鍋のなかのシチューが非常にゆっくりと煮立つように)われわれの立っている地面の下のプレートを1年に約6センチだけ――ほとんど、人間の爪が伸びる速さと同じスピードで――前に押し出す。

現在のところ、こうした地殻の動きによって、大西洋が毎年少しずつ大きくなり、太平洋がその分小さくなっているという。

　これらのプレートが互いにズレを調整したり、プレート同士がぶつかったりして起きるのが地震である。また、これが原因で山が隆起したり、海中に深い溝が形成されたりもする。

　次の超大陸は、まだこの先2億5,000万年の間は出現しないが、すでに名前はついている——「パンゲア・ウルティマ大陸」と。

　地球上のほぼすべての岩盤のおよそ50％は酸素だ。そして、地球の地殻の75％が、酸素とシリコン（ケイ素）——たいていの場合、二酸化ケイ素すなわち「シリカ」の状態——で形成されている。

　残りの23.4％は、アルミニウム、鉄、カルシウム、ナトリウム、マグネシウム、カリウム。その他もろもろの物質は——金や銀などすべて含めて——1.6％しか占めていない。

　酸素は純粋な状態では気体だが、地球に存在する元素の中でもっとも豊富で、その質量は**地球の全重量のほぼ半分**である。

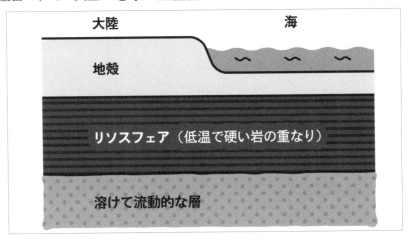

地球の内部は少しずつ動いている

南極は今、何時?

極地の時間はどうなっているの?

つねにニュージーランドと同じ時刻——非公式にだが。

南極では、太陽の位置で時刻を知ることは不可能である。なぜなら、南極から見ればどの方角も北になり、世界のすべてのタイムゾーンが南極点に集結しているからだ。理論的には、**つねに正午であり、同時に真夜中（午前零時）**でもある。

だから混乱を避けるために、南極大陸のタイムゾーンは、「協定世界時（UTC）」（一般的には、「グリニッジ平均時」と呼ばれることが多い）で表される。この基準時は、インターネット、航空、気象予報などの時刻表示に用いられているものだ。

この基準時を使うことで、南極大陸にある世界各国の観測基地は、支障なく連絡をとり合えるようになっている。これは、非常事態が起きたときにとりわけ重要である。

しかしながら、UTCが南極大陸の公式時刻であるにもかかわらず、南極点付近にアメリカが建設した「アムンゼン・スコット基地」では、そこで働く200名もの科学者や研究者がニュージーランド時間（夏だけUTC＋13時間、それ以外は、UTC＋12時間）を使っている。

彼らにとって必要な物資すべてが（大陸の南部にある）大規模な観測基地「マクマード基地」を経由して供給され、なおかつ、この物資補給の中継ポイントが、ニュージーランド領の半島に位置しているからだ。

事実上、勇気ある南極滞在者たちは、ニュージーランド最大の都市

オークランドに住む会社員と同じ時間に寝起きしていることになる。

　南極点は世界から隔絶した極寒の地だ。

　一時滞在する人間の他には、いかなる動物も生息していない。ごくたまに、トウゾクカモメという名の海鳥が獲物を求めて飛来することもあるが、ほとんどが猛烈な風に追い払われてしまうという。

　現在のところ、南極点からもっとも近い海岸線（マクマード湾）までの距離は約1,230キロメートル。

　一帯をおおっている厚さ2.7キロメートルの氷床の上、標高にして2.84キロメートルの位置に南極点はある。年間の平均気温は、マイナス49℃。だが、**最低気温がマイナス82.8℃**だった年もある。

　1956年、アメリカ海軍は南極に世界初の（木造の）基地を建設。

　彼らは、イギリスの探検家ロバート・ファルコン・スコットが南極点到達後に遭難し、生還できなかった1912年以来、はじめて南極点まで足を踏み入れた人々だった。

　2008年には、2階建ての総面積7,400平方メートルもの新しい基地が完成。しかも今回は、上下に動かせるジャッキを建物の基礎に置いているので、毎年1.2メートルの高さまで積もる雪にも難なく対応できるようになった。

　南極点では、1年の半分は太陽が昇ったまま、残りの半分は太陽が沈んだままの状態が続く。夏は1日中が昼、冬は1日中が夜になる。冬の6カ月間は、太陽が一瞬も姿を見せないせいか、基地の人口は50名まで減少するそうだ。

　暗闇の中で気を紛らわせる方法の1つは、南極で発行される唯一の新聞を読むこと——その紙名は、皮肉にも『Antarctic Sun（アンタクティッ

ク・サン＝南極の太陽）』。

この他には、ヨガやサルサダンスの教室、ボーリングなどで気晴らしすることもある。また、**水耕栽培でナスやハラペニョ（メキシコ唐辛子）などの野菜を育てている**という。

定期的に南極を訪れる人たちのあいだで通用する、独自の俗語も生まれている。"have a monk-on（ハブ・ア・モンコン）"は「内省的な気分におちいる」という意味で、"big eye（ビッグ・アイ）"は「昼光の長さが変わるために起こす不眠症」のこと。

そして"greenout（グリーンアウト）"は、「ずっと氷の上で過ごした末に、再び植物を目にする体験」で、"Antarctic 10（アンタクティック・テン）"は、**「おそらくこの地以外では半分の5点に落ちるだろうが、少なくとも南極では魅力満点に見える異性」**のことを意味するらしい。

Photo Credits

編集協力　　株式会社リリーフ・システムズ
イラスト　　武田侑大
図版　　　　柴田琴音(Isshiki)

頭のいい人のセンスが身につく
世界の教養大全

2020年12月15日　第1刷発行

著　者　　ジョン・ロイド
　　　　　ジョン・ミッチンソン
訳　者　　大浦千鶴子
発行者　　鉄尾周一
発行所　　株式会社マガジンハウス
　　　　　〒104-8003　東京都中央区銀座3-13-10
　　　　　書籍編集部　☎03-3545-7030
　　　　　受注センター　☎049-275-1811
印刷・製本所　　中央精版印刷株式会社
ブックデザイン　　西垂水敦・市川さつき(krran)

■ マガジンハウスのホームページ
　https://magazineworld.jp/